종부세 해설

종부세 해설

2026년 2월 13일 초판 인쇄
2026년 2월 25일 초판 발행

지 은 이 ｜ 장보원, 강상원, 박창연
발 행 인 ｜ 오연관
발 행 처 ｜ 삼일피더블유씨솔루션
등 록 번 호 ｜ 1995.6.26. 제3-633호
주   소 ｜ 서울특별시 용산구 한강대로 273 용산빌딩 4층
전   화 ｜ 02)3489-3100
팩   스 ｜ 02)3489-3141
가   격 ｜ 22,000원

ISBN   979-11-6784-496-5   03320

종부세 해설

합부동산세가
담될 때
금 줄이는 방법

장보원 · 강상원 · 박창연 지음

SAMIL | 삼일인포마인

　부동산에 관한 세금은 취득, 보유, 처분에 따라 매겨지는데 부동산 취득 시 취득세, 보유 시 재산세와 종합부동산세, 양도 시 양도소득세, 증여 시 증여세, 상속 시 상속세가 대표적이다.

　주택 취득세와 주택 양도소득세, 최근 들어 상속·증여를 활용한 가족 간 주택의 처분이 빈번해 짐에 따라 상속세와 증여세의 관심도 폭증하고 전문 서적도 범람하고 있으나, 유독 부동산 보유에 따른 재산세와 종합부동산세는 대중의 관심을 떠나 전문 서적도 없고 전문가도 부재하다.

　아마도 매년 기계적으로 과세관청이 고지해 주는 세금이다 보니 나의 의사결정과 무관하다고 보아 큰 관심이 없고 어련히 과세관청이 알아서 해 주지 않을까라는 어설픈 기대도 있었으리라 짐작해 본다.

　그러나 전문 서적, 전문가가 부재한 세무 분야인 만큼 잘못된 세금 부과가 없었으리라는 보장도 없다. 다만 위법·부당한 고지라도 납세고지일부터 90일 내 시시비비를 다퉈야 하니 3개월도 안되는 시일 내에 과오부과라는 점을 밝히기도 쉽지 않았던 것이 현실이고 90일이 지나 과오부과를 알아도 이를 마땅히 구제받을 길도 없었다.

　그런데 2023년 세법 개정으로 종합부동산세의 납세의무자가 고지받은 세액에 대해 과세표준 및 세액 산정의 오류가 있다고 판단하는 경우 고지일로부터 5년 이내에 경정청구를 할 수 있도록 법적 근거가 마련되었다. 이는 종합부동산세가 부과고지세목임에도 경정청구가 가능하도록 한 예외적 규정으로 실질적으로 납세자의 권리구제를 보장하기 위한 조치다.

그러자 놀라운 일이 발생했다. 종합부동산세 경정청구는 2018년 494건 → 2019년 921건 → 2020년 827건 → 2021년 1,481건 → 2022년 1,718건으로 이미 가파르게 올라가던 추세였는데 2023년에는 6,302 건까지 치솟았다. 주로 주택분 종합부동산세에 관한 일이다.

한편, 토지분 종합부동산세는 주택분 종합부동산세보다 납세의무자의 숫자는 적지만 인당 부담할 세금의 크기는 압도적으로 크다. 이 경우에도 울며 겨자 먹기로 부동산 보유에 따른 세금을 부담할 수밖에 없는 처지가 대부분이었으리라 생각해 본다. 그러나 종합부동산세의 구조를 알면 다양한 방법을 통해 종합부동산세의 부담을 변경할 여지도 있다. 본서를 읽고 인사이트를 얻기 바란다.

전국의 지방자치단체 소속 세무공무원들께 1년에 한두 번 종합부동산세 강연을 했던 일과 삼일아이닷컴에 종합부동산세 해설을 달아준 일이 계기가 되어 본서를 집필할 마음을 먹게 되었고 건설업 세무의 전문가인 강상원 후배 세무사와 함께 초고를 완성하고, 양도박사 박창연 대표에게 종합부동산세 신고 및 수정신고, 경정청구가 가능한 전산 프로그램을 양도박사 패키지에 탑재해 달라고 부탁드려 이를 완성하고 본서에 매뉴얼로 반영했다.

보유세를 다루는 전문가가 늘어나는 계기로서의 책이 되고, 기업에서 부동산을 다루는 직원분들께 유용하게 사용되는 책이 되길 바란다.

2026년 2월

장보원 세무사 & 세무학박사, 강상원 세무사, 박창연 CPA (양도박사)

목차

제4장 양도박사를 통한 종합부동산세 신고 실무사례

TIP List

Case List

제**1**장

종합부동산세의 개관

종합부동산세의
개념과 납세의무자

부동산에 관한 세금은 취득, 보유, 처분에 따라 매겨지는데 부동산 취득 시 취득세, 보유 시 재산세와 종합부동산세, 양도 시 양도소득세, 증여 시 증여세, 상속 시 상속세가 대표적이다. 한편 부동산 보유에 따른 재산세는 매년 6월 1일 납세의무자가 보유한 토지와 건물에 대하여 각 시가표준액을 기준으로 0.1%에서 0.4%까지 과세하는 지방세이다. 반면 종합부동산세는 전국에 있는 토지 또는 주택을 합산하여 기준시가를 기준으로 0.5%에서 5.0%까지 과세하는 국세이다. 부동산의 취득세가 통상 취득당시 가액의 4%라는 점을 고려하면 매년 취득세보다 더 큰 보유세가 과세될 수도 있는 것이다. 따라서 종합부동산세가 중요해진 이유는 바로 높은 세율 구조 때문이라고 할 수 있다.

● 기본개념

종합부동산세는 과세기준일(매년 6월 1일) 현재 국내에 소재한 재산세 과세대상인 주택 및 토지를 유형별로 구분하여 인별로 합산한 결과, 그 공시가격 합계액이 각 유형별로 공제금액을 초과하는 경우 그 초과분에 대하여 과세되는 세금이다.

즉 1차로 부동산 소재지 관할 시·군·구에서 관내 부동산을 과세유형별로 구분하여 재산세를 부과하고, 2차로 각 유형별 공제액을 초과하는 부분에 대하여 주소지(본점 소재지) 관할 세무서에서 종합부동산세를 부과한다.

따라서 종합부동산세는 재산세와는 달리 모든 부동산에 대해 과세하는 것이 아니라 공제금액을 초과하는 주택과 토지에 한하여 과세한다.

유형별 과세대상	공제금액
주택(주택 부속토지 포함)	9억 원(1세대 1주택자 12억 원), 일반법인은 공제금액 없음
종합합산 토지(나대지·잡종지 등)	5억 원
별도합산 토지(건축물의 부속토지 등)	80억 원

또한 일정한 요건을 갖춘 임대주택, 미분양주택 등과 주택건설사업자의 주택 신축용 토지에 대하여는 원칙적으로 9월 16일부터 9월 30일까지 합산배제 신고하는 경우 종합부동산세 과세에서 제외된다.

○ 주택분 종합부동산세 납세의무자

매년 6월 1일 현재 주택분 재산세의 납세의무자로서 국내에 있는 재산세 과세대상인 주택의 공시가격을 합산한 금액이 9억 원(1세대 1주택자는 12억 원)을 초과하는 자는 종합부동산세를 납부할 의무가 있다. 다만, 납세의무자가 법인 또는 법인으로 보는 단체로서 법인에 대한 주택분 종합부동산세 중과세율이 적용되는 경우에는 주택의 공시가격에서 공제되는 금액이 없으므로 공시가격이 9억 원 이하인 경우에도 종합부동산세를 납부할 의무가 있다.

● 타인 소유 주택의 부속토지만을 소유한 경우

주택 부속토지만을 소유하는 자에게는 주택분 재산세가 과세되므로, 주택분 재산세 납세의무자로서 주택공시가격을 합산한 금액이 9억 원을 초과하면 종합부동산세를 납부할 의무가 있다.

다만, 납세의무자가 법인 또는 법인으로 보는 단체로서 법인에 대한 주택분 종합부동산세 중과세율이 적용되는 경우에는 주택의 공시가격에서 공제되는 금액이 없으므로 공시가격이 9억 원 이하인 경우에도 종합부동산세를 납부할 의무가 있다.

● 상속등기하지 아니한 상속주택의 납세의무자

과세기준일(매년 6월 1일) 이전에 상속이 개시되었으나 상속등기하지 아니한 상속재산의 종합부동산세 납세의무자는 「지방세법」 제107조 제2항 제2호에 따라서 상속지분이 가장 높은 자, 연장자를 순차적으로 적용하여 납세의무자를 판단한다.

「신탁법」 제2조에 따른 수탁자의 명의로 등기 또는 등록된 신탁재산으로서 주택의 경우에는 주택분 재산세의 납세의무자 규정에도 불구하고 위탁자(지역주택조합, 직장주택조합, 재개발조합 등이 조합원이 납부한 금전으로 매수하여 소유하고 있는 신탁주택의 경우에는 해당 조합을 말한다)가 종합부동산세를 납부할 의무가 있다. 이 경우 위탁자가 신탁주택을 소유한 것으로 본다.

이 규정은 「지방세법」 제107조 제2항 제5호의 신탁재산의 재산세 납세의무자가 종전 수탁자였던 것을 고려한 규정이었는데 2021.1.1.에 지방세법도 신탁재산의 재산세 납세의무자를 위탁자로 개정하였다. 한편 위탁자가 체납한 경우 신탁재산에 대한 강제징수가 가능하도록 신탁재산의 수탁자에 대한 물적납세의무를 신설하였다.

신탁재산에 대한 종합부동산세 납세의무자를 종전 수탁자에서 위탁자로 변경하고, 위탁자가 체납한 경우 신탁재산에 대한 강제징수가 가능하도록 신탁재산의 수탁자에 대한 물적납세의무를 규정하면서 신탁토지 관련 수탁자의 물적납세의무를 통한 강제징수는 해당 신탁재산으로 한정하였다. 그러나, 2026년부터 해당 신탁재산의 관리, 처분, 운용 또는 개발 등을 통하여 수탁자가 얻은 재산도 포함한다.

그런데 주택임대사업의 신탁 시 재산세 납세의무자인 위탁자가 주택임대사업자의 지위를 갖지 못하고 수탁자인 신탁사가 주택임대사업자 등록하면 어떻게 될까? 임대주택과 관련하여 과세기준일 현재 수탁자가 임대사업자 등록과 사업자등록을 한 경우로서 수탁자가 소유하고 있는 주택이 합산배제 요건을 갖춘 경우 종합부동산세 납세의무자인 위탁자의 종합부동산세 합산배제가 가능하다고 해석하고 있다(기준법규재산 2025-3, 2025.5.15.).

◯ 토지분 종합부동산세 납세의무자

매년 6월 1일 현재 토지분 재산세의 납세의무자로서 다음에 해당하는 자는 해당 토지에 대한 종합부동산세를 납부할 의무가 있다.

> ① 종합합산과세대상인 경우에는 국내에 소재하는 해당 과세대상 토지의 공시가격을 합한 금액이 5억 원을 초과하는 자
> ② 별도합산과세대상인 경우에는 국내에 소재하는 해당 과세대상 토지의 공시가격을 합한 금액이 80억 원을 초과하는 자

◯ 신탁토지분 종합부동산세 납세의무자

수탁자의 명의로 등기 또는 등록된 신탁재산으로서 토지의 경우에는 위탁자(지역주택조합, 직장주택조합, 재개발조합 등이 조합원이 납부한 금전으로 매수하여 소유하고 있는 신탁주택의 경우에는 해당 조합을 말한다)가 종합부동산세를 납부할 의무가 있다. 이 경우 위탁자가 신탁토지를 소유한 것으로 본다.

종합부동산세의 도입 취지와 헌재 판결

● 종합부동산세 도입 및 취지

종합부동산세법은 고액의 부동산 보유자에 대하여 부동산보유세를 과세함에 있어서 지방세인 재산세보다 높은 세율로 국세인 종합부동산세를 과세하여 부동산 보유에 대한 조세부담의 형평성을 제고하고 부동산의 가격안정을 도모함으로써 지방재정의 균형발전과 국민경제의 건전한 발전을 기하고자 2005년 1월 5일 법률 제7328호로 제정·공포되어 2005년부터 시행되었다.

종합부동산세 징수 총액은 지방교부세법 제4조에 따른 부동산교부세의 재원이다. 즉 징수한 종합부동산세는 지방교부세법 제9조의 3(부동산교부세의 교부)에 따라 부동산교부세로 전액 지방자치단체에 교부되며, 지방교부세법 시행령 제10조의3(부동산교부세의 교부기준)에 따른 교부기준은 다음과 같다.

- 특별자치시·시·군 및 자치구 : 재정여건(50%), 사회복지(20%), 저출생 대응(25%), 부동산보유세 규모(5%)에 따른 산정금액
- 제주특별자치도 : 부동산교부세 총액의 1.8% 해당 금액

2008년 11월 13일, 헌법재판소는 「종합부동산세법」에 대한 위헌소송에서 종합부동산세의 기본 취지는 합헌이라고 판단하였으나, 세대별 합산규정은 위헌, 그리고 주거목적 1주택 장기보유자에 대한 과세규정은 헌법불합치라고 결정하였다. 이 판결로 인해 세대별 합산과세된 당시 종합부동산세는 사실상 유명무실해졌으며, 세대별 합산규정에 따라 납부한 납세의무자에게는 환급 조치가 이루어졌다.

종합부동산세 세대별 합산과세 규정은 동일 세대 내 여러 명이 보유한 부동산을 합산하여 과세하는 방식으로, 개인의 재산권을 과도하게 침해하고, 세대 구성원의 재산권을 일괄적으로 묶어 과세하는 점이 헌법상 평등권 및 재산권 침해로 위헌이라고 판단되었다.

2022년에도 위헌소송이 제기된 바, 법원은 종합부동산세 부과에 대해 위헌성이 없다고 판단하여 납세자들의 행정소송을 기각하였다. 납세자들이 헌법재판소에 헌법소원을 제기하려 했으나, 법원은 위헌법률심판 제청 신청을 기각하였다.

2024년 5월 30일에 헌법재판소는 2008년 판결 이후 개정된 종합부동산세법의 주요 조항들에 대해 합헌 판결을 내렸다. 다만, 1세대 1주택자에 대해서는 과세 부담을 완화하는 조치를 입법자가 보강하도록 권고하였다.

한편 주거목적의 1주택 장기보유자에게도 부과하는 종합부동산세

규정은 헌법불합치로 판시되었다. 이는 실거주 목적의 주택에 대해 과
도한 세금 부담을 지우는 것이 재산권 보호 원칙에 반한다는 취지였
다. 이후 1세대 1주택자에 대해 과세 부담을 완화하는 조치가 도입되
었다.

Q03 종합부동산세에서 사용하는 주요 용어

● 시·군·구

"시·군·구"라 함은 「지방자치법」 제2조에 따른 지방자치단체인 시·군 및 자치구를 말한다. 따라서 자치구가 아닌 행정구(특별시와 광역시가 아닌 인구 50만 이상 시에 둘 수 있음)는 포함되지 않는다.

● 시장·군수·구청장

"시장·군수·구청장"이라 함은 지방자치단체의 장인 시장·군수 및 자치구의 구청장을 말한다. 따라서 행정구의 구청장은 포함되지 아니한다.

● 주택

「주택법」 제2조 제1호에 따른 주택을 말한다. 주택법 제2조 제1호의 주택이란 세대(世帶)의 구성원이 장기간 독립된 주거생활을 할 수 있는 구조로 된 건축물의 전부 또는 일부 및 그 부속토지를 말하는 것으로 단독주택과 공동주택(아파트, 연립주택, 다세대주택)으로 구분한다.

「소득세법」 제88조 제7호의 주택은 허가 여부나 공부(公簿)상의 용도구분과 관계없이 세대의 구성원이 독립된 주거생활을 할 수 있는 구조를 갖추어 사실상 주거용으로 사용하는 건물로 규정하고 있으나 종합부동산세는 원칙적으로 공부상의 주택 및 부속토지를 의미한다.

다만 주거용 오피스텔의 경우 주택법에 따른 주택은 아니나, 재산세 부과 시 지방세법 제106조 제3항 사실상의 현황에 따라 과세함에 따라 주거용 오피스텔로 분류되어 주택분 재산세가 부과되는 경우 오피스텔도 종합부동산세 과세대상에 포함된다.

🔵 토지

"토지"라 함은 「지방세법」 제104조 제1호에 따른 토지를 말한다. 지방세법 제104조 제1호에서 "토지"란 「공간정보의 구축 및 관리 등에 관한 법률」에 따라 지적공부의 등록대상이 되는 토지와 그밖에 사용되고 있는 사실상의 토지를 말한다.

종합부동산세 과세대상인 토지에는 주택의 부속토지를 제외하는데 이는 주택의 부속토지는 주택으로 종합부동산세가 과세되기 때문이다.

⬤ 주택분 재산세

　"주택분 재산세"라 함은 「지방세법」 제105조 및 제107조에 따라 주택에 대하여 부과하는 재산세를 말한다.

⬤ 토지분 재산세

　"토지분 재산세"라 함은 「지방세법」 제105조 및 제107조에 따라 토지에 대하여 부과하는 재산세를 말한다.

⬤ 세대

　"세대"란 주택 또는 토지 소유자 및 그 배우자와 그들과 동일한 주소 또는 거소에서 생계를 같이하는 가족과 함께 구성하는 1세대를 말하고, 가족이란 주택 또는 토지의 소유자와 그 배우자의 직계존비속(그 배우자 포함) 및 형제자매를 말하는데, 취학, 질병의 요양 또는 근무상·사업상 형편에 의한 일시 퇴거자를 포함한다.

　다만 배우자가 없어도 1세대로 인정되는 경우로 소득세법과 같이 30세 이상인 경우, 배우자가 사망하거나 이혼한 경우, 소득세법상 소득이 국민기초생활 보장법 제2조 제11호에 따른 기준 중위소득의 40% 이상으로서 소유하고 있는 주택 또는 토지를 관리·유지하면서 독립된 생계를 유지할 수 있는 경우(다만, 미성년자의 경우를 제외하되, 미성년자의 결혼, 가족의 사망 등 그 밖의 사유로 1세대의 구성이 불가피한 경우에는 그러하지 아니하다)를 규정하고 있다.

한편 혼인·노부모 봉양을 위한 합가의 경우에도 1세대 판정의 예외를 규정하고 있는데 혼인하여 1세대를 구성하는 경우에는 그 혼인일로부터 10년 동안은 주택 또는 토지 소유자와 그 혼인한 자별로 각각 1세대로 간주하고, 동거봉양(同居奉養)하기 위하여 합가(合家)함으로써 과세기준일 현재 60세 이상의 직계존속(직계존속 중 어느 한 사람이 60세 미만인 경우를 포함한다)과 1세대를 구성하는 경우에는 제1항에도 불구하고 합가한 날부터 10년 동안(합가한 날 당시는 60세 미만이었으나, 합가한 후 과세기준일 현재 60세에 도달하는 경우는 합가한 날부터 10년의 기간 중에서 60세 이상인 기간 동안) 주택 또는 토지를 소유하는 자와 그 합가한 자별로 각각 1세대로 간주한다.

당초 종합부동산세는 세대별 합산과세였기 때문에 세대의 구분은 중과세로서의 의미도 있었으나, 헌재 2006헌바112, 2008.11.13. 결정에 의하여 세대별 합산과세가 위헌으로 결정됨에 따라 2008년부터는 인별 합산과세로 전환되었다. 따라서 현행 세대의 구분은 중과세로서의 기능이라기보다 후술하는 1세대 1주택자의 종합부동산세 경감 대상에 해당하는지 여부를 판단하는데 의미가 있다.

● 공시가격

"공시가격"이란 「부동산 가격공시에 관한 법률」에 따라 가격이 공시되는 주택 및 토지에 대하여 같은 법에 따라 공시된 가액을 말한다. 즉 개별주택가격, 공동주택가격, 개별공시지가를 의미한다. 다만, 같은 법에 따라 가격이 공시되지 아니한 경우에는 다음에 따른 가액으로 한다.

구분		가격이 공시되지 않는 경우 의제공시가격
토지		특별자치시장·특별자치도지사·시장·군수 또는 구청장이 부동산 가격공시에 관한 법률에 따라 국토교통부장관이 제공한 토지가격비준표를 사용하여 산정한 가액
개별주택		특별자치시장·특별자치도지사·시장·군수 또는 구청장이 부동산 가격공시에 관한 법률에 따라 국토교통부장관이 제공한 주택가격비준표를 사용하여 산정한 가액
공동주택		지역별·단지별·면적별·층별 특성 및 거래가격 등을 고려하여 행정안전부장관이 정하는 기준에 따라 특별자치시장·특별자치도지사·시장·군수 또는 구청장이 산정한 가액
신축건축물	오피스텔	행정안전부장관이 고시하는 표준가격기준액에 용도지수·층별지수·가감산율을 적용하여 지방자치단체의 장이 결정한 가액
	그 외	행정안전부장관이 산정·고시하는 건물신축가격기준액에 구조지수·용도지수·위치지수·잔존가치율·가감산율을 적용하여 지방자치단체의 장이 결정한 가액

종합부동산세의 과세기준일과 납세지

○ 과세기준일

종합부동산세의 과세기준일은 지방세법 제114조에 따른 재산세의 과세기준일로 하며 재산세의 과세기준일은 매년 6월 1일이므로 종합부동산세의 과세기준일도 매년 6월 1일이 된다. 따라서 부동산을 신규로 취득하는 경우 6월 1일 이전, 이후에 따라 재산세와 종합부동산세 부담 여부가 달라진다.

부동산보유세는 1차적으로 주택과 토지의 소유자에게 부동산 소재지 시·군·구에서 재산세를 과세(지방교육세 20%, 지역자원시설세가 추가된다)하고, 2차적으로 일정가액 이상의 주택과 토지의 소유자에 대해 국가가 높은 세율로 종합부동산세(농어촌특별세 20%가 추가된다)를 과세하는 방식이므로 종합부동산세의 과세기준일은 재산세의 과세기준일과 동일하다.

한편 재산세는 정부부과방식의 과세이지만, 종합부동산세는 납세자의 선택에 따라 신고·납부할 수도 있고 정부부과방식에 따를 수도 있다. 정부가 부과한 것과 신고한 내용이 다를 경우 정부부과는 없는 것으로 본다.

● 거주자의 납세지

"납세지"란 납세의무 이행의 장소적 관할을 의미한다. 거주자의 납세지는 다음과 같다.

구 분		납세지
납세지 분명	주소지가 있는 경우	주소지
	주소지가 없는 경우	거소지
납세지 불분명	주소지가 2 이상	주민등록법에 의하여 등록된 곳
	거소지가 2 이상	생활관계가 보다 밀접한 곳

● 비거주자의 납세지

구 분	납세지
① 국내사업장이 있는 경우	소득세법 제120조에 규정하는 국내사업장의 소재지 (국내사업장이 2 이상 있는 경우에는 주된 국내사업장)
② 국내원천소득만 있는 경우	국내원천소득이 발생하는 장소
①, ② 외의 경우	주택 또는 토지의 소재지(주택 또는 토지가 2 이상인 경우에는 공시가격이 가장 높은 주택 또는 토지의 소재지)

● 법인으로 보지 아니하는 단체의 납세지

거주자로 보는 법인격 없는 단체에 대한 종합부동산세의 납세지는 동 단체의 대표자 또는 관리인의 주소지로 하며, 「소득세법」 제9조에 의하여 당해 단체의 업무를 주관하는 장소 등을 납세지로 지정받은 경우에는 그 지정받은 장소를 납세지로 한다.

⭕ 내국법인의 납세지

　내국법인의 종합부동산세 납세지는 해당 법인의 등기부상의 본점 또는 주사무소의 소재지로 한다. 국내에 본점 또는 주사무소가 소재하지 아니하는 경우에는 사업의 실질적 관리장소의 소재지로 한다.

⭕ 법인으로 보는 단체의 납세지

구 분	납세지
주된 소득이 부동산임대소득인 단체	그 부동산 소재지
2 이상의 사업장 또는 부동산 보유 단체	주된 사업장 또는 주된 부동산 소재지
사업장이 없는 단체	해당 단체의 정관 등에 기재된 주사무소 소재지 (정관 등에 주사무소에 관한 규정이 없는 단체는 그 대표자 또는 관리인의 주소지)

⭕ 외국법인의 납세지

구 분	납세지
① 국내사업장이 있는 경우	국내사업장 소재지 (국내사업장이 2 이상 있는 경우에는 주된 국내사업장)
② 국내원천소득만 있는 경우	국내원천소득이 발생하는 장소 (2 이상의 자산이 있는 경우에는 해당 외국법인이 납세지로 신고하는 장소)
①, ② 외의 경우	주택 또는 토지의 소재지 (주택 또는 토지가 2 이상인 경우에는 공시가격이 가장 높은 주택 또는 토지의 소재지)

Q05 종합부동산세 과세대상의 구분

종합부동산세는 주택에 대한 종합부동산세와 토지에 대한 종합부동산세의 세액을 합한 금액을 그 세액으로 한다. 이 경우 토지에 대한 종합부동산세의 세액은 ① 토지분 종합합산세액과 ② 토지분 별도합산세액을 합한 금액으로 하는데 토지에 대한 종합부동산세는 토지의 재산세 과세구분(종합합산과세대상 vs 별도합산과세대상)에 따라 구분하여 과세한다. 한편 재산세 분리과세대상 토지는 종합부동산세가 과세되지 아니한다.

● 종합부동산세액의 계산

종합부동산세는 주택에 대한 종합부동산세와 토지에 대한 종합부동산세의 세액을 합한 금액을 그 세액으로 한다.

- 종합부동산세액 = 주택에 대한 종합부동산세액 + 토지에 대한 종합부동산세액
- 토지에 대한 종합부동산세액 = 토지분 종합합산세액 + 토지분 별도합산세액

● 재산세와 종합부동산세의 과세대상

구체적으로 재산세와 종합부동산세의 과세대상을 구분해 보면 다음과 같다.

구 분		재산의 종류	재산세	종부세
건축물	주거용	• 주택(아파트, 연립, 다세대, 단독·다가구), 오피스텔(주거용)	과세	과세
		• 법정 임대주택·미분양주택·사원주택·기숙사·가정어린이집용 주택	과세	×
	기타	• 일반건축물(상가, 사무실, 빌딩, 공장, 사업용 건물)	과세	×
토지	종합합산	• 나대지, 잡종지, 분리과세가 아닌 농지·임야·목장용지 등	과세	과세
		• 재산세 분리과세대상 토지 중 기준초과 토지	과세	과세
		• 재산세 별도합산과세대상 토지 중 기준초과 토지	과세	과세
		• 재산세 분리과세·별도합산과세대상이 아닌 모든 토지	과세	과세
		• 주택건설사업자의 일정한 주택신축용 토지	과세	×
	별도합산	• 일반건축물의 부속토지(기준면적 범위 내의 것)	과세	과세
		• 법령상 인·허가 받은 사업용 토지	과세	과세
	분리과세	• 일부 농지·임야·목장용지 등(재산세만 0.07% 과세)	과세	×
		• 공장용지 일부, 공급목적 보유 토지(재산세만 0.2% 과세)	과세	×
		• 골프장, 고급오락장용 토지(재산세만 4% 과세)	과세	×

즉, 종합부동산세 과세대상은 재산세 과세대상 중 일부이다. 따라서, 종합부동산세 과세대상을 파악하기 위해서는 재산세 과세대상을 파악하여야 한다. 이는 매우 중요한 개념으로 종합부동산세를 피하기 위해서는 재산세 비과세 또는 분리과세대상이 되어야 하고, 절감하기 위해서는 종합합산과세대상 토지가 아닌, 별도합산과세대상 토지가 되는 등 토지의 용도가 바뀌어야 한다.

● 토지에 대한 재산세 과세대상

토지에 대한 재산세 과세대상은 다음에 따라 종합합산과세대상, 별도합산과세대상 및 분리과세대상으로 구분한다.

구분	토지에 대한 재산세 과세대상 구분
종합합산 과세대상	과세기준일 현재 납세의무자가 소유하고 있는 토지 중 별도합산과세대상 또는 분리과세대상이 되는 토지를 제외한 토지
별도합산 과세대상	과세기준일 현재 납세의무자가 소유하고 있는 토지 중 다음의 어느 하나에 해당하는 토지 ① 공장용 건축물의 부속토지 등 법령이 정하는 건축물의 부속토지 ② 차고용 토지, 보세창고용 토지, 시험·연구·검사용 토지, 물류단지시설용 토지 등 공지상태(空地狀態)나 해당 토지의 이용에 필요한 시설 등을 설치해 업무 또는 경제활동에 활용되는 토지로서 법령이 정하는 토지 ③ 철거·멸실된 건축물 또는 주택의 부속토지로서 법령이 정하는 토지
분리 과세대상	과세기준일 현재 납세의무자가 소유하고 있는 토지 중 국가의 보호·지원 또는 중과가 필요한 토지로서 다음의 어느 하나에 해당하는 토지 ① 공장용지·전·답·과수원 및 목장용지로서 법령이 정하는 토지 ② 산림의 보호육성을 위하여 필요한 임야 및 종중 소유 임야로서 법령이 정하는 토지 ③ 골프장용 토지와 고급오락장용 토지로서 법령이 정하는 토지 ④ 공장의 부속토지로서 개발제한구역의 지정이 있기 이전에 그 부지취득이 완료된 곳으로서 공장입지기준면적 범위의 토지 ⑤ 국가 및 지방자치단체 지원을 위한 특정목적 사업용 토지로서 법령이 정하는 토지 ⑥ 에너지·자원의 공급 및 방송·통신·교통 등의 기반시설용 토지로서 법령이 정하는 토지 ⑦ 국토의 효율적 이용을 위한 개발사업용 토지로서 법령이 정하는 토지 ⑧ 그밖에 지역경제의 발전, 공익성의 정도 등을 고려하여 분리과세 해야 할 타당한 이유가 있는 토지로서 법령이 정하는 토지

주거용과 주거 외의 용도를 겸하는 건물 등에서 주택의 범위를 구분하는 방법 및 주택 부속토지의 범위 산정이 쟁점이 될 수 있다. 주택분 종합부동산세와 토지분 종합부동산세가 구분되기 때문이다. 이 경우 구분기준은 다음과 같다.

1동(棟)의 건물이 주거와 주거 외의 용도로 사용되고 있는 경우에는 주거용으로 사용되는 부분만을 주택으로 본다. 이 경우 건물의 부속토지는 주거와 주거 외의 용도로 사용되는 건물의 면적비율에 따라 각각 안분하여 주택의 부속토지와 건축물의 부속토지로 구분한다.

1구(構)의 건물이 주거와 주거 외의 용도로 사용되고 있는 경우에는 주거용으로 사용되는 면적이 전체의 50% 이상인 경우에는 주택으로 본다. 1구(構)의 범위는 소유 상의 기준이 아니고 점유 상의 독립성을 기준으로 판단하되 합숙소·기숙사 등의 경우에는 방 1개를 1구로 보며, 다가구주택은 침실·부엌·출입문이 독립되어 있어야 1구의 주택으로 본다(종합부동산세 집행기준 2-0-2, 2-0-3).

무허가 주택의 경우 주택분 종합부동산세 과세대상이냐, 토지분 종합부동산세 과세대상이냐가 쟁점이 될 수 있다. 이 경우 구분기준은 다음과 같다.

건축물에서 허가 등이나 사용승인(임시사용승인을 포함)을 받지 않고 주거용으로 사용하는 면적이 전체 건축물 면적(허가 등이나 사용승인을 받은 면적을 포함)의 50% 이상인 경우에는 그 건축물 전체를 주택으로 보지 않고, 그 부속토지는 종합합산과세대상 토지로 본다.

주택 부속토지의 경계가 명백하지 않은 경우 그 주택의 바닥면적의 10배에 해당하는 토지를 주택의 부속토지로 한다.

한편 재산세의 과세대상 물건이 토지대장, 건축물대장 등 공부상 등재되지 아니하였거나 공부상 등재현황과 사실상의 현황이 다른 경우에는 사실상의 현황에 따라 재산세를 부과한다. 다만, 다음의 경우에는 공부상 등재현황에 따라 재산세를 부과한다.

① 관계 법령에 따라 허가 등을 받아야 함에도 불구하고 허가 등을 받지 않고 재산세의 과세대상 물건을 이용하는 경우로서 사실상 현황에 따라 재산세를 부과하면 오히려 재산세 부담이 낮아지는 경우
② 재산세 과세기준일 현재의 사용이 일시적으로 공부상 등재현황과 달리 사용하는 것으로 인정되는 경우

TIP1 재산세가 비과세·감면되면 종합부동산세가 비과세
경감된다.

「종합부동산세법」 제6조는 비과세 등을 규정하면서 지방세법상 비과세 감면을 준용하여 과세표준에 반영하도록 하고 있다.

① 「지방세특례제한법」 또는 「조세특례제한법」에 의한 재산세의 비과세·과세면제 또는 경감에 관한 규정(이하 "재산세의 감면규정"이라 한다)은 종합부동산세를 부과하는 경우에 이를 준용한다.

② 「지방세특례제한법」 제4조에 따른 시·군의 감면조례에 의한 재산세의 감면규정은 종합부동산세를 부과하는 경우에 준용한다.

③ 제1항 및 제2항에 따라 재산세의 감면규정을 준용하는 경우 그 감면대상인 주택 또는 토지의 공시가격에서 그 공시가격에 재산세 감면비율(비과세 또는 과세면제의 경우에는 이를 100분의 100으로 본다)을 곱한 금액을 공제한 금액을 공시가격으로 본다.

다만, 재산세의 감면규정 또는 분리과세규정에 따라 종합부동산세를 경감하는 것이 종합부동산세를 부과하는 취지에 비추어 적합하지 않은 것으로 인정되는 경우 등 아래의 경우에는 적용하지 아니한다(「종합부동산세법」 제6조 제4항).

① 시·군의 감면조례에 따른 재산세의 감면규정 또는 분리과세규정 중 전국 공통으로 적용되는 것이 아니고 전국적인 과세형평을 저해한다고 인정되어 행정안전부장관이 기획재정부장관과 협의하여 고시하는 경우

② 「지방세특례제한법」 또는 「조세특례제한법」에 따른 재산세의 비과세, 과세면제 또는 경감에 관한 규정이 제3조 제1항 제8호 각 목 외의 부분 단서 및 같은 호 나목에 따라 종합부동산세가 합산배제되지 않는 임대주택에 적용되는 경우

TIP2 재산세 납세의무자가 아니면 종합부동산세 납세의무자가 아니다.

　재산세 과세기준일 현재 재산을 사실상 소유하고 있는 자는 재산세를 납부할 의무가 있다. 다만, 다음의 어느 하나에 해당하는 경우에는 해당자를 납세의무자로 본다(「지방세법」 제107조 제1항).

구분	납세의무자
공유재산인 경우	그 지분에 해당하는 부분(지분의 표시가 없는 경우 지분이 균등한 것 봄)에 대해서는 그 지분권자
주택의 건물과 부속토지의 소유자가 다를 경우	그 주택에 대한 산출세액을 「지방세법」 제4조 제1항 및 제2항에 따른 건축물과 그 부속토지의 시가표준액 비율로 안분계산(按分計算)한 부분에 대해서는 그 소유자

　다만, 재산세 과세기준일 현재 다음의 어느 하나에 해당하는 자는 재산세를 납부할 의무가 있다(「지방세법」 제107조 제2항 및 「지방세법 시행규칙」 제53조).

구분	납세의무자
공부상의 소유자가 매매 등의 사유로 소유권이 변동되었는데도 신고하지 않아 사실상의 소유자를 알 수 없을 때	공부상 소유자
상속이 개시된 재산으로서 상속등기가 이행되지 않고 사실상의 소유자를 신고하지 않았을 때	민법상 상속지분이 가장 높은 사람으로 하되, 상속지분이 가장 높은 사람이 두 명 이상이면 그 중 나이가 가장 많은 사람
공부상에 개인 등의 명의로 등재되어 있는 사실상의 종중재산으로서 종중소유임을 신고하지 않았을 때	공부상 소유자
국가, 지방자치단체, 지방자치단체조합과 재산세 과세대상 재산을 연부(年賦)로 매매계약을 체결하고 그 재산의 사용권을 무상으로 받은 경우	그 매수계약자

구분	납세의무자
「신탁법」 제2조에 따른 수탁자의 명의로 등기 또는 등록된 신탁재산의 경우	위탁자(지역주택조합, 직장주택조합, 재개발조합 등이 조합원이 납부한 금전으로 매수하여 소유하고 있는 신탁주택의 경우에는 해당 주택조합을 말함). 이 경우 위탁자가 신탁재산을 소유한 것으로 봄
「도시개발법」에 따라 시행하는 환지(換地) 방식에 의한 도시개발사업 및 「도시 및 주거환경정비법」에 따른 정비사업(재개발사업만 해당)의 시행에 따른 환지계획에서 일정한 토지를 환지로 정하지 않고 체비지 또는 보류지로 정한 경우	사업시행자
외국인 소유의 항공기 또는 선박을 임차하여 수입하는 경우	수입하는 자
「채무자 회생 및 파산에 관한 법률」에 따른 파산선고 이후 파산 종결의 결정까지 파산재단에 속하는 재산의 경우	공부상 소유자

　재산세 과세기준일 현재 소유권의 귀속이 분명하지 않아 사실상의 소유자를 확인할 수 없는 경우에는 그 사용자가 재산세를 납부할 의무가 있다(「지방세법」 제107조 제3항).

재산세는 과세기준일(매년 6월 1일) 현재를 기준으로 판단한다. 따라서 6월 1일 현재 나대지라면 종합합산으로 과세(0.2%부터 1억 원 초과시 0.5% 까지)되고, 건축물 부속토지라면 별도합산(0.2%부터 10억 원 초과하는 경우 0.4%까지)로 과세된다.

재산세의 차이는 0.1%로 크지 않으나, 재산세 이후에는 종합부동산세가 뒤따라온다. 따라서 종합부동산세의 경우 종합합산의 경우 5억 원을 초과하면 1~3%의 세율이 과세되고, 별도합산인 경우 80억 원을 초과하면 0.5~0.7%로 과세 되므로 종합부동산세 차이는 매우 크다고 할 수 있다.

재산세 등 부과고지 받는 세금은 90일 이내 이의신청하지 않으면, 구제받을 기회를 제한받게 된다. 종합부동산세는 별도의 독립된 국세이나, 재산세가 선행 과세이기 때문에 지방자치단체에서 재산세 과세유형을 변경하지 못하면 심판청구 등에서 과세유형을 달리하여 인용하기란 어렵기 때문이다.

따라서 토지분 재산세 납부월(9월)에 재산세 과세내역서 또는 재산세고지서를 통하여 종합합산과세대상 존부를 확인하여 잘못 고지된 재산세가 있는 경우 90일 내 이의신청하여야 하고, 이의신청 인용받은 이후 종합부동산세를 경정청구하게 된다.

종합부동산세 토지 (종합합산, 별도합산) 요약

　종합부동산세법의 대부분을 차지하고 있는 주택분 종합부동산세 해설에 앞서 재산세 비과세, 분리과세, 별도합산과세를 이용한 절세가 가능한 토지분 종합부동산세에 대해 먼저 소개하고자 한다.

　토지분 종합부동산세는 재산세 종합합산과세대상 토지분과 별도합산과세대상 토지분을 각각 별도로 인별 집계하여 종합합산 토지분 종합부동산세와 별도합산 토지분 종합부동산세로 과세하고 이중과세를 방지하고자 종합부동산세가 과세된 부분에 대한 재산세 상당액을 공제하여 세액을 산출한다.

　따라서 재산세가 비과세, 분리과세될 경우 종합부동산세는 과세되지 아니하며 종합합산 토지분 종합부동산세는 공시가격(재산세 세액감면이 있는 경우 감면 비율 상당액을 차감한 가액) 5억 원을 초과하는 경우에 과세되는 반면, 별도합산 토지분 종합부동산세는 공시가격(재산세 세액감면이 있는 경우 감면 비율 상당액을 차감한 가액) 80억 원을 초과해야 과세되므로 매년 6월 1일 전 토지의 이용내역에 대해 점검하여 별도합산으로 전환할 수 있다면 전환시키는 것이 바람직하다.

구 분	종합합산 토지분	별도합산 토지분
Σ 공시가격	Σ 종합합산 토지 공시가격	Σ 별도합산 토지 공시가격
−		−
공제금액	5억 원	80억 원
×		×
공정시장 가액비율	토지분 100%	
=		=
종합부동산세 과세표준	종합합산 토지분 종합부동산세 과세표준	별도합산 토지분 종합부동산세 과세표준
×		×
세율(%)	• 15억 원 이하 세율 1.0% 누진공제 없음 • 45억 원 이하 세율 2.0% 누진공제 1,500만 원 • 45억 원 초과 세율 3.0% 누진공제 6,000만 원	• 200억 원 이하 세율 0.5% 누진공제 없음 • 400억 원 이하 세율 0.6% 누진공제 2,000만 원 • 400억 원 초과 세율 0.7% 누진공제 6,000만 원
=		=
종합부동산 세액	토지분 종합합산세액	토지분 별도합산세액
−		−
공제할 재산세액	재산세로 부과된 세액 중 종합부동산세 과세표준금액에 부과된 재산세 상당액 → 과세대상 유형별(주택, 종합합산 토지, 별도합산 토지)로 구분하여 계산	
=		=
산출세액	종합합산 토지분 산출세액	별도합산 토지분 산출세액
−		−
세액공제(%)	해당 없음	해당 없음
−		−
세부담 상한 초과세액	[직전년도 총세액 상당액(재산세 + 종합부동산세) × 세부담 상한율]를 초과하는 세액 → 세부담 상한율 : 150%	
=		=
납부할 세액	각 과세유형별 세액의 합계액 [250만 원 초과 시 분납 가능(6개월)]	

종합합산 토지분 종합부동산세

● 종합합산 토지분 종합부동산세 과세표준

현행 종합합산과세대상 토지분 종합부동산세의 과세표준은 재산세 종합합산과세대상 토지분의 공시가격(재산세 세액감면이 있는 경우 감면비율 상당액을 차감한 가액)을 인별로 합산한 금액에서 5억 원을 공제한 금액을 과세표준으로 한다.

● 종합합산과세대상 토지의 세율 및 세액

종합합산과세대상인 토지에 대한 종합부동산세의 세액은 과세표준에 다음의 세율을 적용하여 계산한 금액으로 한다.

과 세 표 준	세 율	누진공제액
15억 원 이하	1%	0
15억 원 초과 45억 원 이하	2%	1,500만 원
45억 원 초과	3%	6,000만 원

● 종합합산대상 토지분 재산세액의 공제

주택과 토지에 대해 지방세인 재산세를 개별로 부과하고 인별 주택, 인별 토지를 묶어 국세인 종합부동산세를 부과하는 현행 부동산보유세 구조는 필연적으로 이중과세 문제에 직면하게 된다. 이러한 이중과세 문제를 해소하고자 종합부동산세 산출세액 산정 시 재산세를 공제하게 된다. 종합합산대상 토지분 종합부동산세의 경우 다음과 같다.

종합합산과세대상인 토지의 과세표준 금액에 대하여 해당 과세대상 토지의 토지분 재산세로 부과된 세액은 다음 산식에 의하여 계산하며, 토지분 종합합산세액에서 이를 공제한다(종부법 §14 ③ 및 종부령 §5의 3 ①).

$$\text{「지방세법」 제112조 제1항 제1호에 따라 종합합산과세대상인 토지분 재산세로 부과된 세액의 합계액} \times \frac{[(\text{법 제13조 제1항에 따른 종합합산과세대상인 토지의 공시가격을 합산한 금액} - 5\text{억 원}) \times \text{제2조의4 제1항에 따른 공정시장가액비율} \times \text{「지방세법 시행령」 제109조 제1호에 따른 공정시장가액비율})] \times \text{「지방세법」 제111조 제1항 제1호 가목에 따른 표준세율}}{\text{종합합산과세대상인 토지를 합산하여 종합합산과세대상인 토지분 재산세 표준세율로 계산한 재산세 상당액}}$$

토지분 재산세로 부과된 세액의 합계액란 재산세 탄력세율(지법 §111 ③) 및 재산세 세부담 상한 규정(지법 §122) 적용 후의 세액을 말한다(종부법 §14 ③).

위 산식 분자의 토지분 재산세 표준세율로 계산한 재산세 상당액은 종합합산과세대상인 토지분 과세표준에 재산세 공정시장가액비율(70%)과 재산세 표준세율을 곱하여 산정한 재산세액으로, 누진공제액을 차감하지 아니한 금액을 말한다(종합부동산세 집행기준 14-5의 3-4).

재산세액 = 종합부동산세 과세표준 × 재산세 공정시장가액비율 × 재산세율

위 산식 분모의 종합합산과세대상인 토지를 합산하여 종합합산과세
대상인 토지분 재산세 표준세율로 계산한 재산세 상당액이란 종합합
산과세대상 토지분 공시가격(재산세가 감면된 경우에는 감면 후 공시가격)
의 합계액에 재산세 공정시장가액비율과 재산세 표준세율을 곱하여
산정한 재산세액(누진 공제액 적용)을 말한다(종합부동산세 집행기준 14-5
의 3-5).

재산세액 = 공시가격 합계액 × 재산세 공정시장가액비율 × 재산세율 −
　　　　　 누진공제액

● 종합합산과세대상 토지 재산세 세율 및 종합부동산세 세율

재 산 세			종합부동산세		
과세표준	세율	누진공제액	과세표준	세율	누진공제액
5천만 원 이하	0.2%	0	15억 원 이하	1%	0
1억 원 이하	0.3%	5만 원	5억 원 이하	2%	1,500만 원
1억 원 초과	0.5%	25만 원	45억 원 초과	3%	6,000만 원

공시가격의 급격한 상승으로 보유 부동산에 대한 종합부동산세의 급격한 상승을 막고자 종합부동산세의 세부담 상한 제도를 두고 있다. 토지분 종합소득세의 경우 전년도 종합부동산세의 1.5배 이상으로 해당 연도 종합부동산세액이 산출되면 그 초과분을 과세하지 않는 제도이다. 다만 해당 연도 보유 부동산이 전년도와 다를 경우에는 전년도 종합부동산세는 실제 납부한 종합부동산세가 아닌 해당 연도 보유 부동산을 전년도에도 보유한 것으로 가정하여 산출한 세액을 기준으로 하기 때문에 당해 연도 종합부동산세는 전년도 종합부동산세의 1.5배가 넘지 못한다는 말은 옳지 않다. 관련 규정은 다음과 같다.

종합부동산세 납세의무자가 해당 연도에 납부하여야 할 종합부동산세 종합합산과세대상 토지 또는 별도합산과세대상 토지의 총세액 상당액(=각각 해당 토지분 재산세액 상당액+해당 토지분 종합부동산세액 상당액)이 직전연도에 해당 납세의무자에게 부과된 당해 종합합산과세대상 토지분 또는 별도합산과세대상 토지분 총세액 상당액의 일정비율(150%)을 초과하는 경우 그 초과하는 세액은 없는 것으로 보아 종합부동산세 결정세액을 계산한다(종부법 §15 ①, ②).

● 세부담 상한 초과세액

초과세액 = 해당 연도 토지분 총세액 상당액 −
(직전연도 토지분 총세액 상당액 × 150%)

이때 해당 연도 토지분은 종합합산과세대상 토지분과 별도합산과세대상 토지분을 각각 계산한다.

● 해당 연도 토지분 총세액 상당액

　해당 연도에 토지분(종합합산과세대상 토지분과 별도합산과세대상 토지분을 각
각 계산한다. 총세액 상당액이란 해당 연도 종합부동산세 종합합산과세대상 토지 또
는 별도합산과세대상 토지에 대하여 지방세법에 따라 부과된 다음의 재산세액과 종
합부동산세액의 합계액을 말한다)(종부령 §6 ①, §7 ①).

> ①「지방세법」에 따라 부과된 재산세액(도시지역분 재산세를 제외한 재산세액
> 　을 말하며, 지방세법상 세부담의 상한이 적용되는 경우에는 그 상한을 적용한
> 　후의 세액을 말함)
> ②「종합부동산세법」제14조 제1항, 제3항, 제4항, 제6항 및 제7항에 따라
> 　계산한 종합부동산세액 (= 세부담 상한 전 종합부동산세액)

　따라서 토지분 총세액 상당액이란 도시지역분 재산세를 제외한 실제 부과
된 재산세액과 공제할 재산세액을 고려한 종합부동산세액의 합계액을 말하
는 것이다.

● 직전 연도 토지분 총세액 상당액

　직전 연도에 토지분 총세액 상당액이란 납세의무자가 해당 연도의 종합
(별도)합산 과세토지를 직전 연도 과세기준일에 실제로 소유하였는지의 여
부를 불문하고 직전 연도 과세기준일 현재 소유한 것으로 보아 직전 연도의
종합(별도)합산 과세토지에 대한 총세액 상당액을 계산한다(종부령 §6 ②~④,
§7 ②~④).

① 재산세액 상당액은 해당 연도의 종합(별도)합산토지에 대해 직전 연도의
　지방세법(지법 §111 ③, §112 ① 2호, §122 제외)을 적용하여 산출한 금액의
　합계액
② 종합부동산세액 상당액은 해당 연도의 종합(별도)합산 과세토지에 대하여
　직전 연도의 종합부동산세법(종부법 §15 제외)을 적용하여 산출한 금액

즉, 직전 연도 과세기준일에 소유한 것으로 가정하여 계산한 직전 연도 재산세액과 종합부동산세액을 말한다. 다만, 재산세와 종합부동산세액의 계산에 있어서 직전 연도의 법률에서 세부담의 상한 규정(지법 §122, 종부법 §15)은 제외하고 계산하기 때문에 실제 부담한 세액과는 다르게 계산된다.

● 계산 기준의 통일

토지의 분할·합병·지목변경·신규등록·등록전환 등으로 인하여 해당 연도의 종합(별도)합산 과세토지에 대한 직전연도 과세표준액이 없는 경우에는 해당 연도 종합(별도)합산 과세대상 토지가 직전연도 과세기준일 현재 존재하는 것으로 보아 직전연도 지방세법 및 종합부동산세법을 적용하여 과세표준액을 산출한 후 직전연도 종합(별도)합산 과세토지분 총세액 상당액을 계산한다.

해당 연도의 종합(별도)합산 과세토지가 종합부동산세법에 따라 재산세의 감면규정 또는 분리과세규정을 적용받지 아니하거나 적용받은 경우에는 직전연도에도 이를 적용받지 아니하거나 적용받은 것으로 간주한다.

● 종합합산과세대상 토지분 결정세액

위와 같이 계산한 결과 종합합산과세대상 토지분 결정세액은 다음과 같다.

> 종합합산과세대상 토지분 종합부동산세액
> – 종합합산과세대상 토지분 공제할 재산세액
> = 종합합산과세대상 토지분 종합부동산세 산출세액
> – 종합합산과세대상 토지분 세부담 상한 초과세액
> = 종합합산과세대상 토지분 종합부동산세 결정세액

● 별도합산과세대상 토지분 결정세액

위와 같이 계산한 결과 별도합산과세대상 토지분 결정세액은 다음과 같다.

> 별도합산과세대상 토지분 종합부동산세액
> – 별도합산과세대상 토지분 공제할 재산세액
> = 별도합산과세대상 토지분 종합부동산세 산출세액
> – 별도합산과세대상 토지분 세부담 상한 초과세액
> = 별도합산과세대상 토지분 종합부동산세 결정세액

별도합산 토지분 종합부동산세

● 별도합산 토지분 종합부동산세 과세표준

현행 별도합산과세대상 토지분 종합부동산세의 과세표준은 재산세 별도합산과세대상 토지분의 공시가격(재산세 세액감면이 있는 경우 감면비율 상당액을 차감한 가액)을 인별로 합산한 금액에서 80억 원을 공제한 금액을 과세표준으로 한다.

● 별도합산 토지분 종합부동산세의 세율 및 세액

별도합산과세대상인 토지에 대한 종합부동산세의 세액은 과세표준에 다음의 세율을 적용하여 계산한 금액으로 한다(종부법 §14 ④).

과 세 표 준	세 율	누진공제액
200억 원 이하	0.5%	0
200억 원 초과 400억 원 이하	0.6%	2,000만 원
400억 원 초과	0.7%	6,000만 원

● 별도합산대상 토지분 재산세액의 공제

　주택과 토지에 대해 지방세인 재산세를 개별로 부과하고 인별 주택, 인별 토지를 묶어 국세인 종합부동산세를 부과하는 현행 부동산보유세 구조는 필연적으로 이중과세 문제에 직면하게 된다. 이러한 이중과세 문제를 해소하고자 종합부동산세 산출세액 산정 시 재산세를 공제하게 된다. 별도합산대상 토지분 종합부동산세의 경우 다음과 같다.

　별도합산과세대상인 토지의 과세표준 금액에 대하여 해당 과세대상 토지의 토지분 재산세로 부과된 세액은 다음 산식에 의하여 계산하며, 토지분 별도합산세액에서 이를 공제한다(종부법 §14 ⑥ 및 종부령 §5의3 ②).

「지방세법」 제112조 제1항 제1호에 따라 별도합산과세대상인 토지분 재산세로 부과된 세액의 합계액 × $\dfrac{\text{[(법 제13조 제2항에 따른 별도합산과세대상인 토지의 공시가격을 합산한 금액 } - \text{80억 원) × 제2조의4 제2항에 따른 공정시장가액비율 × 「지방세법 시행령」 제109조 제1호에 따른 공정시장가액비율] × 「지방세법」 제111조 제1항 제1호 나목에 따른 표준세율}}{\text{별도합산과세대상인 토지를 합산하여 별도합산과세대상인 토지분 재산세 표준세율로 계산한 재산세 상당액}}$

　토지분 재산세로 부과된 세액의 합계액란 재산세 탄력세율(지법 §111 ③) 및 재산세 세부담 상한 규정(지법 §122) 적용 후의 세액을 말한다(종부법 §14 ③).

　위 산식 분자의 토지분 재산세 표준세율로 계산한 재산세 상당액은 별도합산과세대상인 토지분 과세표준에 재산세 공정시장가액비율(70%)을 곱하여 산정한 금액에 재산세 표준세율을 곱하여 산정한 재산세액으로, 누진공제액을 차감하지 아니한 금액을 말한다(종합부동산세 집행기준 14-5의 3-9).

$$\text{재산세액} = \text{종합부동산세 과세표준} \times \text{재산세 공정시장가액비율} \times \text{재산세율}$$

위 산식 분모의 별도합산과세대상인 토지를 합산하여 별도합산과세대상 토지분 재산세 표준세율로 계산한 재산세 상당액이란 별도합산과세대상 토지분 공시가격(재산세가 감면된 경우에는 감면 후 공시가격) 합계액에 재산세 공정시장가액비율과 재산세 표준세율을 곱하여 산정한 재산세액(누진공제 적용)을 말한다(종합부동산세 집행기준 14-5의 3-10).

$$\text{재산세액} = \text{공시가격 합계액} \times \text{재산세 공정시장가액비율} \times \text{재산세율} - \text{누진공제액}$$

● 별도합산과세대상 토지 재산세 세율 및 종합부동산세 세율

재 산 세			종합부동산세		
과세표준	세율	누진공제액	과세표준	세율	누진공제액
2억 원 이하	0.2%	0	200억 원 이하	0.5%	0
10억 원 이하	0.3%	20만 원	400억 원 이하	0.6%	2,000만 원
10억 원 초과	0.4%	120만 원	400억 원 초과	0.7%	6,000만 원

건축물의 부속토지는 재산세와 종합부동산세 별도합산과세대상에 해당되어 세부담이 낮다. 따라서 건축물의 부속토지 여부는 매우 중요한데 착공한 건물의 부속토지와 멸실된 건축물의 부속토지가 별도합산과세대상인지 아래 내용을 참조하면 된다.

● 착공한 건물의 부속토지

착공한 건물의 부속토지를 판정함에 있어 착공신고 기준인지, 터파기공사 기준인지, 터파기공사를 위한 흙막이공사 기준인지가 쟁점이 된다. '착공신고'란 건축허가를 받거나 신고를 한 건축물의 공사를 착수하려는 건축주가 국토교통부령으로 정하는 바에 따라 허가권자에게 공사계획을 신고하는 것을 말한다. 일반적으로 착공시기는 터파기공사를 시작한 시점을 의미한다. 단순한 형질변경공사는 건축공사의 사전단계에 불과하므로 착공으로 보지 않는다. 문제는 터파기공사는 다른 공사없이 그냥 시작할 수 있는 작업이 아니라는 점이다. 아무런 준비없이 터를 파면 흙이 무너질 것이다. 당연히 흙막이공사를 먼저 하여야 한다. 흙막이공사를 하려면 공사할 곳을 표시하여야 할 것이다. 이것이 규준틀설치공사(흙막이 작업을 위하여 철제 가이드빔을 설치하는 공사)이다. 최근 대법원판례(대법원 2017두49942, 2017.8.31. 외 다수)는 착공의 시기를 터파기공사 시점에서 규준틀설치공사 시점으로 앞당겼다고 할 수 있다.

● 멸실된 건축물의 부속토지

　지방세법상 건축물 및 건축물의 부속토지는 여타의 다른 법(건축법 등)에 따른 정의와 다르다. 요약하면 지방세법은 멸실 후 6개월 내의 과세기준일이 도래하는 기존 건축물의 부속토지도 건축물 부속토지라고 정의하고 있다.

구분	개정 전(2015년 이전)	개정 후(2016년 이후)
건축물의 범위	멸실 6개월이 지나지 아니한 건축물은 (지방세법상) 건축물	N/A
부속토지 범위	N/A	6개월 내 철거멸실된 건축물의 부속토지 포함
건축물 부속토지	건축물 부속토지에 해당 별도합산	건축물 부속토지에 해당 별도합산

　당초 개정의 취지는 건축물이 멸실된 날부터 6개월이 지나지 아니한 경우 그 부속토지에 대해서는 별도합산과세 적용대상임을 명확히 하는 것으로, (구)지방세법이 멸실건축물을 6개월 간 건축물로 의제한 것을 개정하여 (현)지방세법이 멸실건축물의 부속토지를 건축물 부속토지로 의제하는 것이다. 조세심판원도 "다른 용도로 사용하기 위하여 소요되는 시간을 감안하여 최소한 6개월 정도는 건물이 존재하는 것으로 보아 재산세 과세시 별도합산 세율을 적용하도록 규정(조심 2010지26, 2010.9.13.)하였다고 결정한 바 있다. 다만 현행 주의할 것은 6개월의 기간 내에 건축물 또는 주택의 건축을 위한 용도 외의 다른 용도로 사용하는 부속토지는 별도합산과세대상에서 제외한다는 점이다.

 토지에 대한 종합부동산세 비교사례 (별도합산, 종합합산)

계산명세서				2025년	
구분	토지	과세물건 수	1건	종합합산	별도합산
1. 토지 공시가격				18,407,821,000	18,407,821,000
2. 공제금액				500,000,000	8,000,000,000
3. 공정시장가액비율				100%	100%
4. 종합부동산세 과세표준[(1-2)×3]				17,907,821,000	10,407,821,000
5. 세율				3%	0.5%
누진공제				60,000,000	0
6. 종합부동산세액				477,234,630	52,039,100
7. 공제할 재산세액				62,677,370	29,141,890
① 해당연도 재산세액				64,177,370	50,341,890
② 과세표준 표준세율 재산세액				62,677,370	29,141,890
③ 총표준세율 재산세액				64,177,370	50,341,890
8. 산출세액(6-7)				414,557,260	22,897,210
9. 세액공제액(①+②)				0	0
① 고령자 공제				0	0
② 장기보유자 공제				0	0
10. 세액공제 후 산출세액(8-9)				414,557,260	22,897,210
11. 세부담상한 초과세액(①-②)				0	0
① 종합부동산세(10) + 재산세(7.①)				0	0
② 세부담상한금액				0	0
12. 종합부동산세 납부할 세액(10-11)				414,557,260	22,897,210
13. 농어촌특별세 납부할 세액(12×20%)				82,911,450	4,579,440
14. 총납부할 세액(12+13)				497,468,710	27,476,650

토지의 재산세가 종합합산으로 분류되는 경우와 별도합산으로 분류되는 경우 종합부동산세 차이는 매우 크다. 위 사례처럼 재산세 차이는 14백만 원 정도로 작지만, 종부세 차이는 4.7억 원에 달한다. 따라서 토지 재산세의 과세구분이 종합부동산세에서 차지하는 영향을 고려하여 절세 전략을 세워야 한다.

위 세액 계산에 요소로 나온 토지에 대한 재산세, 이중과세 조정을 위한 세액공제 등 계산내역은 다음을 참고하길 바란다.

1) 토지 재산세 과세표준 (종합합산, 별도합산 과세표준은 동일하다)
   Min[해당연도 시가표준, 과세표준상한액] = 12,885,474,700
   해당연도 시가표준 = 18,407,821,000 × 70% = 12,885,474,700
   과세표준 상한액 = (18,138,456,000 × 70%) + (18,407,821,000 × 70% × 5%)
                  = **13,341,192,935**
   ※ (전년도 시가표준 × 70%) + (해당연도 시가표준 × 70% × 5%)

2) 재산세액 산출내역

구분	종합합산 재산세	별도합산 재산세
1. 과세표준	12,885,474,700	12,885,474,700
2. 세율	25만 원 + 1억 원 초과 0.5%	280만 원 + 10억 원 초과 0.4%
3. 재산세 산출세액	64,177,370	50,341,890
4. 도시지역분(과세표준 × 0.14%)	18,039,660	18,039,660
5. 지방교육세(3×20%)	12,835,470	10,068,370
6. 지역자원시설세	0	0
7. 총납부할 세액(3+4+5+6)	95,052,500	78,449,920

3) 공제할 재산세액 계산(종합합산인 경우)

> ① 해당연도 재산세액 = 64,177,370
>
> ② 과세표준 표준세율 재산세액 = (18,407,821,000 − 500,000,000) × 100% × 70% × 0.5% = 62,677,373
>
> ※ 종합합산토지 종합부동산세 과세표준 × 종합부동산세 공정시장가액비율 × 재산세 공정시장가액비율 × 세율
>
> ③ 총표준세율 재산세액 = 18,407,821,000 × 70% × 0.5% − 250,000 = 64,177,370
> ※ 종합합산토지 공시가격 × 재산세 공정시장가액비율 × 세율 − 누진공제액
>
> ☞ 공제할 재산세액 = ① × $\dfrac{②}{③}$ = 62,677,370

4) 공제할 재산세액 계산(별도합산인 경우)

> ① 해당연도 재산세액 = 50,341,890
>
> ② 과세표준 표준세율 재산세액 = (18,407,821,000 − 8,000,000,000) × 100% × 70% × 0.4% = 29,141,890
>
> ※ 별도합산토지 종합부동산세 과세표준 × 종합부동산세 공정시장가액비율 × 재산세 공정시장가액비율 × 세율
>
> ③ 총표준세율 재산세액 = 18,407,821,000 × 70% × 0.4% − 1,200,000 = 50,341,890
> ※ 별도합산토지 공시가격 × 재산세 공정시장가액비율 × 세율 − 누진공제액
>
> ☞ 공제할 재산세액 = ① × $\dfrac{②}{③}$ = 29,141,890

주택분 종합부동산세

구 분	주택분
Σ 공시가격	Σ 주택 공시가격(재산세 세액감면이 있는 경우 감면 비율 상당액을 차감한 가액)
−	−
공제금액	9억 원(1세대 1주택자 12억 원)
×	×
공정시장 가액비율	주택분 60%
=	=
종합부동산세 과세표준	주택분 종합부동산세 과세표준
×	×
세율(%)	○ 2주택 이하 　－ 3억 원 이하 세율 0.5% 누진공제 없음 　－ 6억 원 이하 세율 0.7% 누진공제 60만 원 　－ 12억 원 이하 세율 1.0% 누진공제 240만 원 　－ 25억 원 이하 세율 1.3% 누진공제 600만 원 　－ 50억 원 이하 세율 1.5% 누진공제 1,100만 원 　－ 94억 원 이하 세율 2.0% 누진공제 3,600만 원 　－ 94억 원 초과 세율 2.7% 누진공제 1억 180만 원 ○ 3주택 이상 　－ 3억 원 이하 세율 0.5% 누진공제 없음

구 분	주택분
세율(%)	– 6억 원 이하 세율 0.7% 누진공제 60만 원 – 12억 원 이하 세율 1.0% 누진공제 240만 원 – 25억 원 이하 세율 2.0% 누진공제 1,440만 원 – 50억 원 이하 세율 3.0% 누진공제 3,940만 원 – 94억 원 이하 세율 4.0% 누진공제 8,940만 원 – 94억 원 초과 세율 5.0% 누진공제 1억 8,340만 원
=	=
종합부동산 세액	주택분 종합부동산세액
−	−
공제할 재산세액	재산세로 부과된 세액 중 종합부동산세 과세표준금액에 부과된 재산세 상당액
=	=
산출세액	주택분 산출세액
−	−
세액공제(%)	【1세대 1주택】 보유 : 5년(20%), 10년(40%), 15년(50%) 연령 : 60세(20%), 65세(30%), 70세(40%) → 중복적용 가능(한도 80%)
−	−
세부담 상한 초과세액	[직전년도 총세액 상당액(재산세 + 종합부동산세) × 세부담 상한율]을 초과하는 세액 → 세부담 상한율 : 150%
=	=
납부할 세액	각 과세유형별 세액의 합계액 [250만 원 초과 시 분납 가능(6개월)]

공정시장가액비율과 과세표준

◉ 과세표준 산정 시 공정시장가액비율 반영

공정시장가액비율은 종합부동산세 과세표준 산정 시 공제액을 초과하는 공시가격에 일정 비율을 곱하여 과세표준을 조정하는 제도이다. 이는 과세 형평성 제고 및 세부담 완화를 위해 도입되었으며, 시가와 공시가격 간 차이를 보정하는 역할을 한다. 정치적·경제적 상황에 따라 매년 조정되며, 납세자의 세부담을 조절하는 기능을 수행한다.

[과세유형별 전국합산 감면 후 공시가격 − 공제금액] × 공정시장가액비율

- 주택분 : [전국합산 감면 후 공시가격 − 9억 원(1세대 1주택자 12억 원, 법인 0원)]
  × 60%
- 종합합산 토지분 : [전국합산 감면 후 공시가격 − 5억 원] × 100%
- 별도합산 토지분 : [전국합산 감면 후 공시가격 − 80억 원] × 100%

◉ 과세표준 산정 시 재산세 감면비율 반영

「지방세특례제한법」 또는 「조세특례제한법에」 의한 재산세의 감면규정(비과세·과세면제·경감에 관한 규정. 이하 감면규정) 및 「지방세특례제한법」 제4조에 따른 시·군의 감면조례에 의한 재산세 감면규정은 종합부동산세 부과 시 이를 준용한다(종부법 §6 ①, ②).

이때 종합부동산세에 재산세의 감면규정을 준용함에 있어 공시가격은 다음의 산식에 의하여 계산한다(종부법 §6 ③). 재산세가 비과세 또는 과세면제된 경우에는 감면비율 100%를 적용한다.

감면 후 공시가격 = 감면 전 공시가격 − (감면 전 공시가격×감면비율)

예를 들어 토지의 공시가격이 20억 원이고, 당해 토지에 대한 재산세 부과 시 감면으로 25% 경감한 경우 감면 후 공시가격 15억 원이다.

15억 원 = 20억 원 − (20억 원 × 25%)

● 재산세 감면규정 등의 적용배제

재산세의 감면규정 또는 분리과세규정에 따라 종합부동산세를 경감하는 것이 종합부동산세를 부과하는 취지에 비추어 적합하지 않은 것으로 인정되는 다음의 경우에는 종합부동산세를 부과할 때 재산세 감면규정의 준용 또는 그 분리과세규정을 적용하지 아니한다.

① 시·군의 감면조례에 따른 재산세의 감면규정 또는 분리과세규정 중 다음의 요건을 모두 충족하는 경우로서 행정안전부장관이 기획재정부장관과 협의하여 고시하는 경우

　가. 전국 공통으로 적용되는 것이 아닌 것

　나. 해당 규정이 전국적인 과세형평을 저해하는 것으로 인정되는 것

② 「지방세특례제한법」 또는 「조세특례제한법」에 따른 재산세의 비과세, 과세면제 또는 경감에 관한 규정이 종합부동산세가 합산배제되지 않는 임대주택에 적용되는 경우

이때 재산세와 종합부동산세의 공정시장가액비율이 서로 다르다는 점을 주의하여야 한다.

구분	재산세('23년 이후)	종합부동산세('22년 이후)
토지 등	70%	100%
주택	60% (단, 2025년 1세대 1주택의 경우 3억 원 이하 43%, 3억 원 초과 6억 원 이하 44%, 6억 원 초과 45%)	60%
근거법령	지방세법 시행령 제109조	종합부동산세법 시행령 제2조의4

공제할 재산세액과 이중과세 조정

● 재산세와 종합부동산세의 이중과세 조정

주택과 토지에 대해 지방세인 재산세를 개별로 부과하고 인별 주택, 인별 토지를 묶어 국세인 종합부동산세를 부과하는 현행 부동산보유세 구조는 필연적으로 이중과세 문제에 직면하게 된다. 이러한 이중과세 문제를 해소하고자 종합부동산세 산출세액 산정 시 재산세를 공제하게 된다. 주택분 종합부동산세의 경우 다음과 같다.

과세표준 금액에 대하여 해당 과세대상 주택의 주택분 재산세로 부과된 세액(「지방세법」 제111조 제3항에 따라 가감조정된 세율이 적용된 경우에는 그 세율이 적용된 세액, 같은 법 제122조에 따라 세부담 상한을 적용받은 경우에는 그 상한을 적용받은 세액을 말한다)은 주택분 종합부동산세액에서 이를 공제하는바 다음과 같이 계산한다.

$$\text{「지방세법」 제112조 제1항 제1호에 따라 주택분 재산세로 부과된 세액의 합계액} \times \frac{\text{(법 제8조 제1항에 따른 주택분 종합부동산세의 과세표준} \times \text{「지방세법 시행령」 제109조 제2호에 따른 공정시장가액비율)} \times \text{「지방세법」 제11조 제1항 제3호에 따른 표준세율}}{\text{주택을 합산하여 주택분 재산세 표준세율로 계산한 재산세 상당액}}$$

⚫ 수식의 계산

산식의 주택분 재산세로 부과된 세액의 합계액은 납세의무자가 주택분 재산세로 부과받은 세액의 합계금액으로 「지방세법」 제111조 제3항에 의하여 가감조정된 세율이 적용된 경우에는 그 세율이 적용된 후의 세액, 같은 법 제122조에 의하여 세부담 상한을 적용받은 경우에는 그 상한을 적용받은 후의 세액을 말한다(종합부동산세 집행기준 9-4의 2-2). 즉 실제 부담한 재산세(도시지역분은 제외)를 말하는 것이다.

산식 분자의 주택분 재산세 표준세율로 계산한 재산세 상당액은 주택분 과세표준에 재산세 공정시장가액비율을 곱하여 산정한 금액에 재산세 표준세율을 곱하여 산정한 재산세액으로, 누진공제액을 차감하지 아니한 금액을 말한다(종합부동산세 집행기준 9-4의 2-4).

주택분 종합부동산세 과세표준은 공시가격 합계액에서 공제액을 차감하고 종합부동산세 공정시장가액비율을 적용하여 산정하며, 종합부동산세가 과세되지 않은 공제액에 재산세액을 산정함에 있어 이미 재산세 최고세율 및 누진공제액이 적용되었으므로 해당 공제액 초과분인 주택분 종합부동산세 과세표준에 대한 재산세액을 산정함에 있어서는 재산세 최고세율만 적용하고 누진공제액을 다시 적용하지 않는다.

산식 분모의 주택분 재산세 표준세율로 계산한 재산세 상당액은 주택공시가격 합산액에 재산세 공정시장가액비율을 곱하여 산정한 금액에 재산세 표준세율을 곱하여 산정한 재산세액(누진공제 적용)을 말한다(종합부동산세 집행기준 9-4의 2-6). 즉 각각의 주택이 단일로 합산된 주택이라고 가정할 때의 재산세를 재산정한 것을 말한다.

⦿ 이중과세 조정의 원리

  주택분 종합부동산세 중 기존의 재산세가 부과되는 부분이 중복되는 경우에는 이중과세가 되기 때문에 이를 조정해야 하는 필요성이 발생한다. 재산세가 모든 주택에 부과되는 데 반해 종합부동산세는 공제액(9억 원) 초과부분에 대해 과세하게 되는데 이럴 경우 공제액을 초과하는 부분에 대해서는 재산세도 이중적으로 과세되는 결과에 이르러 위 산식과 같은 이중과세 조정이 필요하다.

  이러한 이중과세 조정은 주택분 종합부동산세 뿐만 아니라 토지분 종합부동산세에도 동일한 원리로 적용된다.

⦿ 계산 사례

주택분 재산세 과세표준

주택분 재산세 과세표준 = 주택공시가격 × 재산세 공정시장가액비율(60%)

주택의 재산세율

과세표준	세율	누진공제
6천만 원 이하	0.10%	–
1.5억 원 이하	0.15%	30,000
3억 원 이하	0.25%	180,000
3억 원 초과	0.40%	630,000

주택의 종합부동산세율(2주택 이하)

과세표준	세율	누진공제
3억 원 이하	0.50%	0원
3억 원 초과 ~ 6억 원 이하	0.70%	600,000원
6억 원 초과 ~ 12억 원 이하	1.00%	2,400,000원
12억 원 초과 ~ 25억 원 이하	1.30%	6,000,000원
25억 원 초과 ~ 50억 원 이하	1.50%	11,000,000원
50억 원 초과 ~ 94억 원 이하	2.00%	36,000,000원
94억 원 초과	2.70%	101,800,000원

주택의 재산세 계산 시 도시지역분 재산세, 지방교육세, 지역자원시설세는 고려하지 않는다(이하 같음).

(사례 1) 거주자 갑의 보유주택 현황 등 (1세대 1주택자 아님)

1. 2025년 A주택 공시가격 12억 원 (재산세 공정가액비율은 60%로 가정)
2. 2025년 종합부동산세 과세표준 = (12억 원 − 9억 원) × 60% = 180,000,000
3. 2025년 공제 전 종합부동산세액 계산 = 180,000,000 × 0.5% = 900,000
4. 2025년 A주택의 재산세 부과액 = {(12억 원×60%)×0.4% − 630,000} = 2,250,000

(사례 1 세액 계산) 거주자 갑의 종합부동산세액 계산과 공제할 재산세액

1. 해당 연도 재산세 부과액의 합계액 = 2,250,000
2. 종합부동산세 과세표준×공정비율(60%)×재산세율 = 180,000,000×60%×0.4% = 432,000
3. 주택을 합산해 표준세율로 계산한 재산세 상당액 = 2,250,000
4. 공제할 재산세액 = $1 \times \dfrac{2}{3}$ = $2,250,000 \times \dfrac{432,000}{2,250,000}$ = 432,000
5. 종합부동산세 산출세액 = 900,000 − 432,000 = 468,000

(사례 1 신고서) 1주택 공시가격 12억 원	금액
1. 공시가격	1,200,000,000
2. 공제금액	900,000,000
3. 공정시장가액비율	60%
4. 과세표준[(1−2)×3]	180,000,000
5. 세율	0.50%
6. 종부세액(4×5)	900,000
7. 공제할 재산세액 (①×②÷③)	432,000
① 해당연도 재산세액	2,250,000
② 과세표준 표준세율 재산세액	432,000
③ 총 표준세율 재산세액	2,250,000
8. 산출세액(6−7)	468,000

(사례 2) 거주자 을의 보유주택 현황 등

1. 2025년 A주택 공시가격 9억 원
2. 2025년 B주택 공시가격 3억 원
3. 2025년 종합부동산세 과세표준 = (12억 원 − 9억 원)×60% = 180,000,000
4. 2025년 공제 전 종합부동산세액 계산 = 180,000,000×0.5% = 900,000
5. 2025년 A주택의 재산세 부과액 = {(9억 원×60%)×0.4% − 630,000} = 1,530,000
6. 2025년 B주택의 재산세 부과액 = (3억 원 × 60%)×0.25%−180,000 = 270,000

(사례 2 세액 계산) 거주자 을의 종합부동산세액 계산과 공제할 재산세액

1. 해당 연도 재산세 부과액의 합계액 = 1,530,000 + 270,000 = 1,800,000
2. 종합부동산세 과세표준 × 공정비율(60%) × 재산세율 = 180,000,000 × 60% × 0.4% = 432,000
3. 주택을 합산해 표준세율로 계산한 재산세 상강액 = 2,250,000
4. 공제할 재산세액 $= 1 \times \dfrac{2}{3} = 1,800,000 \times \dfrac{432,000}{2,250,000} = 345,600$
5. 종합부동산세 산출세액 = 900,000 − 345,600 = 554,400

(사례 2 신고서) 2주택 공시가격 12억 원	금액
1. 공시가격	1,200,000,000
2. 공제금액	900,000,000
3. 공정시장가액비율	60%
4. 과세표준[(1−2)×3]	180,000,000
5. 세율	0.50%
6. 종부세액(4×5)	900,000
7. 공제할 재산세액 (①×②÷③)	345,600
① 해당연도 재산세액	1,800,000
② 과세표준 표준세율 재산세액	432,000
③ 총 표준세율 재산세액	2,250,000
8. 산출세액(6−7)	554,400

(사례 3) 거주자 병의 보유주택 현황 등

1. 2025년 A주택 공시가격 9억 원
2. 2025년 B주택 공시가격 6억 원 (재산세 50% 감면대상)
3. 2025년 종합부동산세 과세표준 = (12억 원 − 9억 원)×60% = 180,000,000
4. 2025년 공제 전 종합부동산세액 계산 = 180,000,000×0.5% = 900,000
5. 2025년 A주택의 재산세 부과액 = {(9억 원×60%)×0.4% − 630,000}
   = 1,530,000
6. 2025년 B주택의 재산세 부과세액 = {(7억 원×60%)×0.4% − 630,000}×50%
   = 405,000

(사례 3 세액 계산) 거주자 병의 종합부동산세액 계산과 공제할 재산세액

1. 해당 연도 재산세 부과액의 합계액 = 1,530,000 + 405,000 = 1,935,000
2. 종합부동산세 과세표준×공정비율(60%)×재산세율 =
   180,000,000×60%×0.4% = 900,000
3. 주택을 합산해 표준세율로 계산한 재산세 상당액 = 2,250,000
4. 공제할 재산세액 = $1 \times \dfrac{2}{3}$ = $1,935,000 \times \dfrac{432,000}{2,250,000}$ = 371,520
5. 종합부동산세 산출세액 = 900,000 − 371,520 = 528,480

(사례 3) 2주택 감면주택 공시가격 12억 원	금액
1. 공시가격	1,200,000,000
2. 공제금액	900,000,000
3. 공정시장가액비율	60%
4. 과세표준[(1-2)×3]	180,000,000
5. 세율	0.50%
6. 종부세액(4×5)	900,000
7. 공제할 재산세액 (①×②÷③)	371,520
① 해당연도 재산세액	1,935,000
② 과세표준 표준세율 재산세액	432,000
③ 총 표준세율 재산세액	2,250,000
8. 산출세액(6-7)	528,480

○ 조정의 한계

그런데 위 산식은 과세대상이 중첩되는 부분, 즉 과세기준 초과금액(= 공시가격 - 과세기준금액)에 대하여 부과된 재산세액 전부를 공제하는 것이 아니라 종합부동산세의 과세표준(과세기준 초과금액×종합부동산세 공정시장가액비율)에 상응하는 재산세액 부분만을 공제하도록 하고 있다.

이것이 이중과세인지 여부를 과세대상 기준으로 판단한다면 같은 과세대상에 대하여 재산세와 종합부동산세를 부과하고 재산세로 부과된 세액의 일부만을 공제하는 셈이기 때문에 공제되지 않은 나머지 부분은 이중과세의 문제가 해소되지 않은 채 남아있게 된다고 볼 수 있다.

관련하여 대법원(대법원 2023. 8. 31. 선고 2019두39796 판결)은 "종합부동산세법 시행령에서는 공제되는 재산세액의 계산을 이 사건 산식에 의하도록 규정하였고, 이에 의하면 개정 전과는 달리 종합부동산세의 과세기준금액을 초과하는 영역에 대하여 부과되는 재산세액 중 일부만이 공제되는 결과에 이르게 되나, 이는 입법자가 종합부동산세법 제9조 제4항과 제14조 제7항의 위임 범위 내에서, 종합부동산세의 과세기준금액을 초과하는 영역에서 종합부동산세가 재산세의 과세 부분과 그 외의 부분 사이에 안분하여 과세되도록 함으로써 주택 등의 종합부동산세액에서 공제되는 재산세액의 범위를 구체적으로 명확하게 하였기 때문"이라며 "따라서 종합부동산세법 시행령 제4조의2 제1항, 제5조의3 제1항과 제2항(이 사건 조항)이 동일한 과세대상에 대하여 종합부동산세의 과세기준금액을 초과하는 영역에 부과되는 재산세액 중 일부만을 공제하도록 하였더라도 종합부동산세법 제9조 제4항과 제14조 제7항의 위임 범위와 한계를 벗어나 무효라고 볼 수 없다"고 밝혔다.

참고로 재산세 표준세율은 다음과 같다(「지방세법」 제111조 제1항 참조).

구분		표준세율
토지	종합합산 과세대상	과세표준 5천만 원 이하 : 0.2% 과세표준 5천만 원 초과 1억 원 이하 : 0.3% (누진공제 20만 원) 과세표준 1억 원 초과 : 0.5% (누진공제 120만 원)
	별도합산 과세대상	과세표준 2억 원 이하 : 0.2% 과세표준 2억 원 초과 10억 원 이하 : 0.3% (누진공제 5만원) 과세표준 10억 원 초과 : 0.4% (누진공제 25만원)
	분리과세 대상	전·답·과수원·목장용지 및 산림의 보호육성을 위하여 필요한 임야 및 종중 소유 임야로서 「지방세법 시행령」 제102조 제2항으로 정하는 임야 : 과세표준의 0.07% 골프장용 토지 및 고급오락장용 토지 : 과세표준의 4% 그 밖의 토지 : 과세표준의 0.2%

구분		표준세율
	건축물	골프장, 고급오락장용 건축물 : 과세표준의 4% 특정지역의 공장용 건축물 : 과세표준의 0.5% 그 밖의 건축물 : 과세표준의 0.25%
주택	다주택	과세표준 6천만 원 이하 : 0.1% 과세표준 6천만 원 초과 1억 5천만 원 이하 : 0.15% (누진공제 3만원) 과세표준 1억 5천만 원 초과 3억 원 이하 : 0.25% (누진공제 18만원) 과세표준 3억 원 초과 : 0.4% (누진공제 63만원)
	선박	고급선박 : 과세표준의 5% 그 밖의 선박 : 과세표준의 0.3%
	항공기	과세표준의 0.3%

한편 위의 주택에 대한 세율에도 불구하고 「지방세법 시행령」 제110조의2 제1항에 따른 1세대 1주택(시가표준액이 9억 원 이하인 주택에 한정)에 대해서는 다음의 세율을 적용한다(「지방세법」 제111조의2 제1항).

과세표준	세율	누진공제액
6천만 원 이하	0.05%	0원
6천만 원 초과 ~ 1억 5천만 원 이하	0.1%	30,000원
1억 5천만 원 초과 ~ 3억 원 이하	0.2%	180,000원
3억 원 초과	0.35%	630,000원

세부담 상한 제도

◉ 세부담 상한 제도

종합부동산세의 세부담 상한 제도는 공시가격의 급격한 상승으로 보유 부동산에 대한 종합부동산세의 급격한 상승을 막고자 만든 제도로 주택분 종합소득세의 경우 전년도 종합부동산세의 1.5배 이상으로 해당 연도 종합부동산세액이 산출되면 그 초과분을 과세하지 않는 제도이다. 다만 해당 연도 보유 부동산이 전년도와 다를 경우에는 전년도 종합부동산세는 실제 납부한 종합부동산세가 아닌 해당 연도 보유 부동산을 전년도에도 보유한 것으로 가정하여 산출한 세액을 기준으로 하기 때문에 당해 연도 종합부동산세는 전년도 종합부동산세의 1.5배가 넘지 못한다는 말은 옳지 않다. 또한 주택분 종합부동산세 중과세율이 적용되는 법인의 경우에는 세부담 상한 제도를 적용하지 아니한다. 관련 규정은 다음과 같다.

해당 연도에 납부해야 할 주택분 재산세액 상당액(신탁주택의 경우 재산세의 납세의무자가 납부하여야 할 주택분 재산세액 상당액을 말함)과 주택분 종합부동산세액 상당액의 합계액이 해당 납세의무자에게 직전년도에 해당 주택에 부과된 주택에 대한 총세액 상당액에 150%를 초과하는 경우 그 초과하는 세액에 대해서는 이를 없는 것으로 본다. 다만,

납세의무자가 법인 또는 법인으로 보는 단체로서「종합부동산세법」
제9조 제2항 3호의 중과세율이 적용되는 경우는 그렇지 않다(종부법
§10).

> • 세부담 상한 초과액 = (재산세 + 세부담 상한 전 종합부동산세액) −
> {전년(재산세 + 종합부동산세) × 150%}
> • 세부담 상한 전 종합부동산세액 = (과세표준 × 세율 − 누진공제) −
> (공제할 재산세액 + 세액공제액)

● 종합부동산세 세부담 상한비율 개정연혁('21년 이후)

구분		'21 ~ '22년	'23년 이후
주택	2주택 이하	150%	150%
	조정대상지역 내 2주택 & 3주택 이상	300%	
	단일세율 법인	세부담 상한 미적용	
토지		150%	

● 해당 연도 주택분 총세액 상당액

해당 연도에 납부하여야 할 주택에 대한 총세액 상당액이란 해당 연
도의 종합부동산세 과세표준합산의 대상이 되는 주택(이하 "과세표준합
산주택"이라 한다)에 대한 다음의 재산세액과 종합부동산세액의 합계액
을 말한다(종부령 §5 ①).

① 「지방세법」에 따라 부과된 재산세액(도시지역분 재산세를 제외한 재산세액
  을 말하며, 지방세법상 세부담의 상한이 적용되는 경우에는 그 상한을 적용
  한 후의 세액을 말함)
② 「종합부동산세법」 제9조에 따라 계산한 종합부동산세액(= 세부담 상한 전
  종합부동산세액)

따라서 주택분 총세액 상당액이란 도시지역분 재산세를 제외한 실제 부과된 재산세액과 공제할 재산세액과 세액공제를 고려한 종합부동산세액의 합계액을 말한다.

◉ 직전 연도 주택분 총세액 상당액

직전 연도에 해당 주택에 부과된 주택에 대한 총세액 상당액이란 납세의무자가 해당 연도의 과세표준합산주택을 직전 연도 과세기준일에 실제로 소유하였는지의 여부를 불문하고 직전 연도 과세기준일 현재 소유한 것으로 보아 해당 연도의 과세표준합산주택에 대한 다음의 재산세액 상당액과 종합부동산세액 상당액의 합계액을 말한다(종부령 §5 ②).

① 재산세액 상당액은 해당 연도의 과세표준합산주택에 대하여 직전 연도의 「지
  방세법」(같은 법 제111조 제3항, 제112조 제1항 제2호 및 제122조는 제외한다)을 적
  용하여 산출한 금액의 합계액
② 종합부동산세액 상당액은 해당 연도의 과세표준합산주택에 대하여 직전 연도
  의 법(세부담의 상한 규정은 제외함)을 적용하여 산출한 금액(1세대 1주택자의 경
  우에는 직전 연도 과세기준일 현재 연령 및 주택 보유기간을 적용하여 산출한 금액)

즉 직전 연도 과세기준일에 소유한 것으로 가정하여 계산한 직전 연도 재산세액과 종합부동산세액을 말한다. 다만, 재산세와 종합부동산

세액의 계산에 있어서 직전 연도의 법률에서 세부담의 상한 규정은 제외하고 계산하기 때문에 실제 부담한 세액과는 다르게 계산된다.

● 계산 기준의 통일

주택의 신축·증축 등으로 인하여 해당 연도의 과세표준합산주택에 대한 직전 연도 과세표준액이 없는 경우에는 해당 연도 과세표준합산주택이 직전 연도 과세기준일 현재 존재하는 것으로 보아 직전 연도 「지방세법」과 직전 연도 법을 적용하여 과세표준액을 산출한 후 직전 연도 주택분 총세액 상당액 규정을 적용한다(종부령 §5 ③).

직전 연도 주택분 총세액 상당액 규정을 적용함에 있어서 해당 연도의 과세표준합산주택이 법 제6조에 따라 재산세의 감면규정 또는 분리과세규정을 적용받지 아니하거나 적용받은 경우에는 직전 연도에도 동일하게 이를 적용받지 아니하거나 적용받은 것으로 본다(종부령 §5 ④).

해당 연도의 과세표준합산주택이 직전 연도에 법 제8조 제2항에 따라 과세표준합산주택에 포함되지 아니한 경우에는 직전 연도에 과세표준합산주택에 포함된 것으로 보아 직전 연도 주택분 총세액 상당액 규정을 적용한다(종부령 §5 ⑤).

세부담의 상한이 적용되는 주택은 해당 연도의 종합부동산세 과세표준합산의 대상이 되는 주택만 해당하며, 합산배제 임대주택, 재산세 비과세, 재산세 전액 면제 등에 의하여 종합부동산세가 과세되지 않는 주택은 포함하지 않는다(종합부동산세 집행기준 10-5-8).

1세대 1주택자의 특례

● 1세대 1주택자의 특례

　1세대 1주택자의 종합부동산 특례는 세대원 중 1명만이 주택분 재산세 과세대상인 1주택만을 소유한 경우로서 그 주택을 소유한 자가 「소득세법」상 거주자인 경우에 공시가격에서 공제하는 공제액을 9억 원에서 12억 원을 상향 적용하며, 장기보유 및 고령자에 대한 세액공제를 적용하여 종합부동산세 부담을 줄여주는 제도를 말한다.

● 1세대 1주택자란

　1세대 1주택자란 거주자로서 세대원 중 1명만이 주택분 재산세 과세대상인 1주택만을 단독으로 소유한 경우로서 그 주택을 소유한 자를 말한다.

　이 때 합산배제 신고한 임대주택과 사원용 주택 등은 1세대 1주택자 여부를 판단 시 1세대가 소유한 주택 수에서 제외하는 것이지만, 합산배제 신고한 임대주택과 사원용 주택 등 외의 주택을 소유하는 자가 과세기준일 현재 그 주택에 실제로 거주하고 있지 않은 경우에는 합산배제 임대주택은 1세대 1주택자 여부를 판단할 때 1세대가 소유한 주택 수에서 제외하지 아니한다.

● 1세대 1주택자 의제

1주택(주택의 부속토지만을 소유한 경우 제외)과 다른 주택의 부속토지를 소유하는 경우 1세대 1주택자로 본다. 또한 세대원 중 1인이 1주택과 함께 다음의 신규주택(일시적 2주택자), 상속주택, 지방 저가주택을 소유한 경우에는 과세특례 신청에 의해 1세대 1주택자로 본다.

구분	내용
① 신규주택	일시적 2주택자가 과세기준일 현재 신규주택을 취득한 날부터 3년이 경과하지 않은 신규주택
② 상속주택	• 과세기준일 현재 상속개시일부터 5년이 경과하지 않은 주택 • 지분율 40% 이하인 주택 • 지분율에 상당하는 공시가격이 6억 원(비수도권 3억 원 이하)인 주택
③ 지방 저가주택	공시가격 4억 원 이하로 비수도권 중 광역시 및 특별자치시가 아닌 지역, 광역시에 소속된 군, 세종시 내 읍·면, 수도권 내 연천·옹진·강화군 지역 소재 주택

한편 1주택을 보유한 1세대가 조세특례제한법에 의하여 일정 요건을 갖춘 인구감소지역(인구감소관심지역 포함)의 1주택과 준공 후 미분양주택을 취득하는 경우에는 과세특례 신청에 의해 1세대 1주택으로 본다.

구체적인 내용은 '제2장 합산배제·과세특례 제도'에서 살펴보기로 한다.

○ 1세대 1주택 관련 해석

　1세대 1주택자란 세대원 중 1명만이 주택분 재산세 과세대상인 1주택만을 소유한 경우로서 그 주택을 소유한 자가 「소득세법」상 거주자인 경우를 말한다. 따라서 비거주자는 1세대 1주택자의 추가공제 및 장기보유 및 고령자에 대한 세액공제 규정이 적용되지 아니한다(종합부동산세 집행기준 8-2의 3-5).

　「건축법 시행령」 별표 1 제1호 다목에 따른 다가구주택은 1주택으로 보되, 합산배제 임대주택으로 신고한 경우에는 1세대가 독립하여 구분 사용할 수 있도록 구획된 부분을 각각 1주택으로 본다(종부령 §2의3 ①).

　한편 1주택(주택의 부속토지만을 소유한 경우는 제외)과 다른 주택의 부속토지(주택의 건물과 부속토지의 소유자가 다른 경우의 그 부속토지를 말함)를 함께 소유하고 있는 경우에는 1세대 1주택자로 본다(종부법 §8 ④). 반면 2주택의 부속토지만을 소유한 경우에는 1세대 1주택자에 해당하지 아니한다(종합부동산세 집행기준 8-2의 3-4).

　또한 세대원들이 주택 1채와 타인 소유 주택의 부속토지를 각각 소유한 경우, 종합부동산세법 제8조에서 규정한 1세대 1주택자에 해당한다고 보기 어렵다(조심 2013서0091, 2013.03.29.).

○ 공동명의 1주택자의 납세의무 등에 관한 특례

　종합부동산세는 인별 합산과세이므로 부부가 1주택을 공동으로 소유하고 있는 경우 각각 종합부동산세를 계산하게 되어 장기보유 및 고령자에 대한 세액공제 규정이 적용되는 1세대 1주택자에 해당하지 않는 것이 원칙이지만, 그럼에도 불구하고 과세기준일 현재 세대원 중 1인이 그 배우자와 공동으로 1주택을 소유하고 해당 세대원 및 다른 세대원이 다른 주택(합산배제 임대주택 및 합산배제 사원용 주택 등을 제외)을 소유하지 아니한 경우에는 배우자와 공동으로 1주택을 소유한 자 또는 그 배우자 중 공동명의 1주택자를 해당 1주택에 대한 납세의무자로 할 수 있다(종부법 §10의2). 다만, 공동명의 1주택자의 배우자가 다른 주택의 부속토지(주택의 건물과 부속토지의 소유자가 다른 경우의 그 부속토지)를 소유하고 있는 경우에는 해당 특례가 적용되지 않는다.

● 부부 공동명의 1세대 1주택에 대한 특례에 대한 적용방법

2021년도 종합부동산세 부과분부터 부부 공동명의 1세대 1주택에 대한 세부담을 완화하기 위하여 부부 공동명의 1주택자에 대해서도 신청에 의하여 1주택자로 신고를 허용하였다(종부법 §10의2).

이 경우 인별 과세를 배제하고 공동명의 1세대 1주택자를 납세의무자로 보아 과세표준 계산 시 12억 원을 공제하고 고령자 및 장기보유자 세액공제도 허용한다.

납세의무자는 부부 중 공동소유자 간 합의로 정한 사람(공동명의 1주택자)으로 신청한다. 세액공제 적용은 납세의무자의 주택 보유기간 및 연령을 기준으로 적용하고 최초 신청 이후 변동사항이 없을 경우 추가 신청 없이도 계속 적용한다.

Case 02 단독명의 1세대 1주택자 사례 (공시가격 12억 원 이하)

종합부동산세 계산 예시

계산명세서				
구분	1세대 1주택	과세물건 수	1건	2025년
1. 주택합산 공시가격				1,200,000,000
2. 공제금액				1,200,000,000
3. 공정시장가액비율				60%
4. 종합부동산세 과세표준((1-2)×3)				0
5. 세율				0.5%
누진공제				0
6. 종합부동산세액				0
7. 공제할 재산세액				0
① 해당연도 재산세액				1,530,000
② 과세표준 표준세율 재산세액				0
③ 총표준세율 재산세액				1,530,000
8. 산출세액(6-7)				0
9. 세액공제액(①+②)				0
① 고령자 공제				0
② 장기보유자 공제				0
10. 세액공제 후 산출세액(8-9)				0
11. 세부담상한 초과세액(①-②)				0
① 종합부동산세(10) + 재산세(7.①)				1,530,000
② 세부담상한금액				2,295,000
12. 종합부동산세 납부할 세액(10-11)				0
13. 농어촌특별세 납부할 세액(12×20%)				0
14. 총납부할 세액(12+13)				0

1세대가 공시가격 12억 원인 주택을 1채 보유하는 경우 1세대 1주택자에 대한 공제금액 이하로 종합부동산세가 부과되지 않는다.

이때에도 재산세는 과세될 수 있으며, 공시가격 12억 원인 주택에 대한 재산세 산출내역은 다음과 같다.

1) 재산세 과세표준
   Min[해당연도 시가표준, 과세표준상한액] = 540,000,000

해당연도 시가표준 = 1,200,000,000 × 45% = **540,000,000**
과세표준 상한액 = (1,200,000,000 × 45%) + (1,200,000,000 × 45% × 5%)
= **567,000,000**
※ (전년도 시가표준 × 45%) + (해당연도 시가표준 × 45% × 5%)

2) 재산세액 산출내역

1. 과세표준	540,000,000
2. 세율	0.4%
누진공제	630,000
3. 재산세(①, ② 중 적은 금액)	1,530,000
① 재산세 산출세액(1×2)	1,530,000
② 재산세 세부담상한금액	1,989,000
4. 도시지역분(①, ② 중 적은 금액)	756,000
① 도시지역분 산출세액(1×0.14%)	756,000
② 도시지역분 세부담상한금액	982,800
5. 지방교육세(3×20%)	306,000
6. 지역자원시설세	0
7. 총납부할 세액(3+4+5+6)	2,592,000

고령자 및 장기보유 세액공제

주택분 종합부동산세 납세의무자가 1세대 1주택자에 해당하는 경우의 주택분 종합부동산세액은 산출세액에서 다음의 1세대 1주택자에 대한 공제액을 공제한 금액으로 한다. 이 경우 공제율 합계 100분의 80의 범위에서 중복하여 적용할 수 있다(종부법 §9 ⑥).

● 고령자 공제액

과세기준일 현재 만 60세 이상인 1세대 1주택자의 공제액은 종합부동산세 산출세액에 다음 표에 따른 연령별 공제율을 곱한 금액으로 한다.

연 령	공 제 율
만 60세 이상 65세 미만	20%
만 65세 이상 70세 미만	30%
만 70세 이상	40%

1주택(주택의 부속토지만을 소유한 경우는 제외한다)과 다른 주택의 부속토지(주택의 건물과 부속토지의 소유자가 다른 경우의 그 부속토지를 말한다),

일시적 2주택의 신규주택, 상속주택, 지방 저가주택을 함께 소유하고 있는 경우에도 1세대 1주택자로 보는데 이 경우 종합부동산세 산출세액에 총공시가격 중 1주택분 주택공시가격이 차지하는 비율을 곱한 금액에 공제율을 적용한다.

$$\text{종합부동산세 산출세액} \times \frac{\text{1주택분 주택공시가격}}{\text{전체 주택공시가격 합계액}} \times \text{공제율}$$

◯ 장기보유자 공제액

1세대 1주택자로서 해당 주택을 과세기준일 현재 5년 이상 보유한 자의 공제액은 종합부동산세 산출세액에 다음 표에 따른 보유기간별 공제율을 곱한 금액으로 한다.

보유기간	공제율
5년 이상 10년 미만	20%
10년 이상 15년 미만	40%
15년 이상	50%

1주택(주택의 부속토지만을 소유한 경우는 제외한다)과 다른 주택의 부속토지(주택의 건물과 부속토지의 소유자가 다른 경우의 그 부속토지를 말한다), 일시적 2주택의 신규주택, 상속주택, 지방 저가주택을 함께 소유하고 있는 경우에도 1세대 1주택자로 보는데 이 경우 종합부동산세 산출세액에 총공시가격 중 1주택분 주택공시가격이 차지하는 비율을 곱한 금액에 공제율을 적용한다.

$$\text{종합부동산세 산출세액} \times \frac{\text{1주택분 주택공시가격}}{\text{전체 주택공시가격 합계액}} \times \text{공제율}$$

주택 보유기간의 산정과 관련하여 소실(燒失)·도괴(倒壞)·노후(老朽) 등으로 인하여 멸실되어 재건축 또는 재개발하는 주택에 대하여는 그 멸실된 주택을 취득한 날부터 보유기간을 계산하고, 배우자로부터 상속받은 주택에 대하여는 피상속인이 해당 주택을 취득한 날부터 보유기간을 계산한다(종부령 §4의4). 그 외의 경우에는 「소득세법」상 취득시기에 따라 판정하면 될 것이다.

배우자로부터 재산분할 또는 이혼위자료로 취득한 주택에 대하여는 재산분할 등으로 인한 소유권이전등기 접수일부터 보유기간을 계산한다(종합부동산세 집행기준 9-5의 5-2).

 단독명의 1세대 1주택자 사례 (공시가격 12억 원 초과)

종합부동산세 계산 예시

계산명세서				
구분	1세대 1주택	과세물건 수	1건	2025년
1. 주택합산 공시가격				1,853,000,000
2. 공제금액				1,200,000,000
3. 공정시장가액비율				60%
4. 종합부동산세 과세표준((1-2)×3)				391,800,000
5. 세율				0.7%
누진공제				600,000
6. 종합부동산세액				2,142,600
7. 공제할 재산세액				655,807
① 해당연도 재산세액				2,515,770
② 과세표준 표준세율 재산세액				705,240
③ 총표준세율 재산세액				2,705,400
8. 산출세액(6-7)				1,486,793
9. 세액공제액(①+②)				0
① 고령자 공제				0
② 장기보유자 공제				0
10. 세액공제 후 산출세액(8-9)				1,486,793
11. 세부담상한 초과세액(①-②)				0
① 종합부동산세(10) + 재산세(7.①)				4,002,563
② 세부담상한금액				4,833,900
12. 종합부동산세 납부할 세액(10-11)				1,486,793
13. 농어촌특별세 납부할 세액(12×20%)				297,358
14. 총납부할 세액(12+13)				1,784,151

주택 공시가격이 18.53억 원(전년도 16.55억 원)인 사례에서 1세대 1주택자인 경우에도 공시가격 12억 원 초과 주택은 종합부동산세가 과세될 수 있다. 1세대 1주택자의 공제금액 12억 원을 초과하기 때문이다.

이때 1세대 1주택자라면, 주택 보유자의 나이 및 주택 보유 기간에 따라 아래 표와 같이 세액이 줄어들 수 있으며, 위 종합부동산세 계산 사례에서 "8. 산출세액"의 80%, 즉 1,189,434원을 한도로 고령자 공제 및 보유기간에 대한 공제를 중복하여 적용할 수 있다.

만 70세 이상이면서 15년 이상 보유한 경우 세액공제액 한도가 적용되어 80%까지만 적용받을 수 있음에 유의해야 한다.

나이	공제율	공제액	보유기간	공제율	공제액
만 60 이상~만 65 미만	20%	297,358	5년 이상~10년 미만	20%	297,358
만 65 이상~만 70 미만	30%	446,037	10년 이상~15년 미만	40%	594,717
만 70 이상	40%	594,717	15년 이상	50%	743,396

고령자 및 장기보유자 세액공제는 80% 범위(해당 사례에서 "8. 산출세액"의 80%인 1,189,434원 한도)에서 중복하여 적용 가능하다.

실제 부과·고지된 재산세와 종합부동산세 계산시 "7. 공제할 재산세액"란에 기재되는 재산세는 금액이 다를 수 있는데, 이는 종합부동산세 계산시 실제 부과·고지된 재산세액이 아닌, 아래 산식에 의해 계산된 금액을 공제하기 때문이다.

1) 재산세 과세표준

Min[해당연도 시가표준, 과세표준상한액] = 786,442,500

해당연도 시가표준 = 1,853,000,000 × 45% = **833,850,000**

과세표준 상한액 = (1,655,000,000 × 45%) + (1,853,000,000 × 45% × 5%)

= **786,442,500**

※ (전년도 시가표준 × 45%) + (해당연도 시가표준 × 45% × 5%)

2) 재산세액 산출내역

1. 과세표준	786,442,500
2. 세율	0.4%
누진공제	630,000
3. 재산세(①, ② 중 적은 금액)	2,515,770
① 재산세 산출세액(1×2)	2,515,770
② 재산세 세부담상한금액	3,053,700
4. 도시지역분(①, ② 중 적은 금액)	1,101,019
① 도시지역분 산출세액(1×0.14%)	1,101,019
② 도시지역분 세부담상한금액	1,355,445
5. 지방교육세(3×20%)	503,154

6. 지역자원시설세	0
7. 총납부할 세액(3+4+5+6)	4,119,943

3) 공제할 재산세액 계산

① 해당연도 재산세액 = 2,515,770

② 과세표준 표준세율 재산세액 = (1,853,000,000 − 1,200,000,000) × 60% × 45% × 0.4% = 705,240

※ 과세표준 표준세율 재산세액 = 주택합산 공시가격 − 9억 원(1세대 1주택 12억 원) × 종합부동산세 공정시장가액비율 × 재산세 공정시장가액비율 × 표준세율(0.4%)

※ 세율만 곱하고, 누진공제액은 빼지 않는 다는 점에 주의하여야 한다.

③ 총표준세율 재산세액 = 1,853,000,000 × 45% × 0.4% − 630,000 = 2,705,400

※ 총표준세율 재산세액 = 주택합산 공시가격 × 재산세 공정시장가액비율 × 세율 − 누진공제액

☞ 공제할 재산세액 = ① × $\dfrac{②}{③}$ = 655,807

법인의 종합부동산세

법인도 개인과 마찬가지로 주택분 종합부동산세와 토지분 종합부동산세의 납세의무가 있다. 특히 일반법인의 경우에는 주택분 종합부동산세에 대해서는 공제금액도 없고 2주택 이하 2.7%. 3주택 이상 5% 단일세율로 중과세한다.

구 분	주택분	종합합산 토지분	별도합산 토지분
Σ 공시가격	Σ 주택 공시가격	Σ 종합합산 토지 공시가격	Σ 별도합산 토지 공시가격
−		−	
공제금액	해당없음	5억 원	80억 원
×		×	
공정시장 가액비율	주택분 60%, 토지분 100%		
=		=	
종합부동산세 과세표준	주택분 종합부동산세 과세표준	종합합산 토지분 종합부동산세 과세표준	별도합산 토지분 종합부동산세 과세표준
×		×	
세율(%)	2주택 이하(세율 2.7%) 3주택 이상(세율 5.0%)	• 15억 원 이하 세율 1.0% 누진공제 없음 • 45억 원 이하 세율 2.0% 누진공제 1,500만 원 • 45억 원 초과 세율 3.0% 누진공제 6,000만 원	• 200억 원 이하 세율 0.5% 누진공제 없음 • 400억 원 이하 세율 0.6% 누진공제 2,000만 원 • 400억 원 초과 세율 0.7% 누진공제 6,000만 원
=		=	

구 분	주택분	종합합산 토지분	별도합산 토지분
종합부동산 세액	주택분 종합부동산세액	토지분 종합합산세액	토지분 별도합산세액
−		−	
공제할 재산세액	재산세로 부과된 세액 중 종합부동산세 과세표준금액에 부과된 재산세 상당액 → 과세대상 유형별(주택, 종합합산 토지, 별도합산 토지)로 구분하여 계산		
=		=	
산출세액	주택분 산출세액	종합합산 토지분 산출세액	별도합산 토지분 산출세액
−			
세액공제(%)	해당 없음	해당 없음	해당 없음
−		−	
세부담 상한 초과세액	해당 없음		150%
=			
납부할 세액	각 과세유형별 세액의 합계액 [250만 원 초과 시 분납 가능(6개월)]		

● 개인

주택(2주택 이하)		주택(3주택 이상)		종합합산 토지분		별도합산 토지분	
과세표준	세율	과세표준	세율	과세표준	세율	과세표준	세율
3억 원 이하	0.5%	3억 원 이하	0.5%	15억 원 이하	1.0%	200억 원 이하	0.5%
6억 원 이하	0.7%	6억 원 이하	0.7%	45억 원 이하	2.0%	400억 원 이하	0.6%
12억 원 이하	1.0%	12억 원 이하	1.0%				
25억 원 이하	1.3%	25억 원 이하	2.0%				
50억 원 이하	1.5%	50억 원 이하	3.0%	45억 원 초과	3.0%	400억 원 초과	0.7%
94억 원 이하	2.0%	94억 원 이하	4.0%				
94억 원 초과	2.7%	94억 원 초과	5.0%				

● 법인

주택(2주택 이하)		주택(3주택 이상)		종합합산 토지분		별도합산 토지분	
과세표준	세율	과세표준	세율	과세표준	세율	과세표준	세율
3억 원 이하		3억 원 이하		15억 원 이하	1.0%	200억 원 이하	0.5%
6억 원 이하		6억 원 이하		45억 원 이하	2.0%	400억 원 이하	0.6%
12억 원 이하		12억 원 이하					
25억 원 이하	2.7%	25억 원 이하	5.0%				
50억 원 이하		50억 원 이하		45억 원 초과	3.0%	400억 원 초과	0.7%
94억 원 이하		94억 원 이하					
94억 원 초과		94억 원 초과					

2022년까지 일반세율과 중과세율(조정대상지역의 2주택 또는 3주택 이상)을 구분하였으나 종합부동산세법 개정으로 주택의 소재지역에 상관없이 2주택 이하와 3주택 이상 중과세율로 중과세율의 적용을 변경하였다.

Q16 납부기한, 부과징수 및 물적납세의무

● 종합부동산세 납세의무의 확정

종합부동산세는 관할 세무서장에 의한 부과·징수를 원칙으로 하되, 예외적으로 납세의무자의 선택에 따라 신고·납부방식으로 종합부동산세를 신고·납부할 수 있다.

● 종합부동산세의 부과·징수

종합부동산세는 관할 세무서장이 납부하여야 할 종합부동산세의 세액을 결정하여 해당 연도 납부기간(12. 1.~12. 15.)까지 부과·징수함을 원칙으로 하며, 이 경우 관할 세무서장은 주택 및 토지로 구분한 과세표준과 세액을 기재한 납세고지서에 세액산출명세서를 첨부하여 납부기간 개시 5일 전까지 발부하여야 한다.

◯ 종합부동산세의 신고·납부

　종합부동산세를 신고·납부방식으로 납부하고자 하는 납세의무자는 신고서류 내용 추가, 그 신고기한 이내에 종합부동산세를 관할 세무서에 납부하거나 국세징수법에 의한 납부서에 의하여 한국은행(그 대리점 포함) 또는 체신관서에 납부하여야 한다.

　종합부동산세를 신고·납부한 경우에는 관할 세무서장에 의한 종합부동산세 결정은 없는 것으로 본다. 즉 종합부동산세는 정부부과가 원칙이나, 신고납부제도를 선택할 수 있다.

　한편 종합부동산세 납부 시 납부할 종합부동산세액의 20% 상당액을 농어촌특별세로 함께 납부하여야 한다.

◯ 물적납세의무

　신탁재산에 대한 종합부동산세 납세의무자를 종전 수탁자에서 위탁자로 변경하고, 위탁자가 체납한 경우 신탁재산에 대한 강제징수가 가능하도록 신탁재산의 수탁자에 대한 물적납세의무를 규정하고 있다. 다만 신탁토지 관련 수탁자의 물적납세의무를 통한 강제징수는 해당 신탁재산에 한정하였으나, 2026년부터 해당 신탁재산의 관리, 처분, 운용 또는 개발 등을 통하여 수탁자가 얻은 재산도 포함한다. 또한 물적납세의무자 지정 및 납부고지일 이전에 이루어진 양도로 인하여 신탁계약이 종료되는 경우, 해당 주택은 더 이상 신탁재산이 아니므로,

이와 관련하여 발생한 종합부동산세를 종전 수탁자에게 납부·고지할 수는 없다(조심 2024부3211, 2025.1.7.).

물적납세의무에 따른 납부고지가 있은 후 납세의무자인 위탁자가 신탁의 이익을 받을 권리를 포기 또는 이전하거나 신탁재산을 양도하는 등의 경우에도 고지된 부분에 대한 납세의무에는 영향을 미치지 아니하며 신탁재산의 수탁자가 변경되는 경우에 새로운 수탁자는 이전의 수탁자에게 고지된 납세의무를 승계한다.

신탁재산에 대하여 강제징수를 하는 경우 「국세기본법」의 국세의 우선규정에도 불구하고 수탁자는 「신탁법」에 따른 신탁재산의 보존 및 개량을 위하여 지출한 필요비 또는 유익비의 우선변제를 받을 권리가 있다.

결정과 경정 및 가산세

◉ 종합부동산세의 결정과 신고·납부

관할 세무서장은 납부해야 할 종합부동산세의 세액을 결정해 해당 연도 12월 1일부터 12월 15일까지 부과·징수한다.

관할 세무서장은 종합부동산세를 징수하려면 납부고지서에 주택 및 토지로 구분한 과세표준과 세액을 기재하여 납부기간 개시 5일 전까지 발급해야 한다.

다만, 종합부동산세를 신고·납부방식으로 납부하려는 납세의무자는 종합부동산세의 과세표준과 세액을 해당 연도 12월 1일부터 12월 15일까지 관할 세무서장에게 신고해야 한다. 이 경우 위의 관할 세무서장의 결정은 없었던 것으로 본다.

◉ 부과·징수에 대한 경정

관할 세무서장 또는 관할 지방국세청장은 행정자치부장관이 국세청장에게 통보한 과세자료에 의하여 과세대상 누락, 위법 또는 착오 등으로 인하여 종합부동산세를 새로 부과할 필요가 있거나 이미 부과한 세액을 경정할 경우에는 다시 부과·징수할 수 있다.

● 신고·납부에 대한 경정

관할 세무서장 또는 관할 지방국세청장은 신고·납부방식으로 종합부동산세를 신고한 자의 신고내용에 탈루 또는 오류가 있는 때에는 당해연도의 과세표준과 세액을 종합부동산세신고서 및 그 첨부서류에 의하거나 현황 등에 대한 실지조사에 의하여 경정한다. 관할 세무서장 또는 관할 지방국세청장은 경정을 함에 있어서 행정자치부장관에게 의견조회를 할 수 있다.

● 결정·경정 후의 경정·재경정

관할 세무서장 또는 관할 지방국세청장은 과세표준과 세액을 결정 또는 경정한 후 그 결정 또는 경정에 탈루 또는 오류가 있는 것이 발견된 때에는 이를 종합부동산세신고서 및 그 첨부서류에 의하거나 현황 등에 대한 실지조사에 의하여 경정 또는 재경정하여야 한다. 관할 세무서장 또는 관할 지방국세청장은 경정 또는 재경정을 함에 있어서 행정자치부장관에게 의견조회를 할 수 있다.

관할 세무서장 또는 관할 지방국세청장은 경정 및 재경정 사유가 재산세의 세액변경 또는 수시부과사유에 해당되는 때에는 시장·군수가 관할 세무서장 또는 관할 지방국세청장에게 회신한 자료에 의하여 종합부동산세의 과세표준과 세액을 경정 또는 재경정하여야 한다.

「지방세특례제한법」 제78조(구 「지방세법」 제276조)의 "산업단지 등에 대한 감면"에 의하여 재산세 분리과세 토지로 적용을 받았으나 감면요건인 3년 이내 산업용 건축물을 신축 또는 증축하지 아니하여 종합합산 토지로 재산세가 추징된 경우에는 「종합부동산세법」 제17조(결정과 경정)에 따라 종합부동산세를 결정(경정 또는 재경정)한다(종합부동산세 집행기준 17-9-1).

● 경감받은 세액 및 이자상당가산액의 추징

관할 세무서장 또는 관할 지방국세청장은 합산배제임대주택, 가정어린이집용 주택, 멸실목적 취득주택이 추후 그 요건을 충족하지 아니하게 된 때에는 다음과 같이 계산된 경감받은 세액과 이자상당가산액을 추징하여야 한다.

경감받은 세액은 ①에서 ②를 차감한 세액으로 한다.

① 합산배제 임대주택 등으로 보아 왔던 매 과세연도마다 해당 주택을 종합부동산세 과세표준합산의 대상이 되는 주택으로 보고 계산한 세액
② 합산배제 임대주택 등으로 보아 왔던 매 과세연도마다 해당 주택을 종합부동산세 과세표준합산의 대상에서 제외되는 주택으로 보고 계산한 세액

이자상당가산세액은 경감받은 세액에 ①과 ②를 곱한 금액으로 한다.

「종합부동산세법 시행령」 제3조에 따른 합산배제 매입임대주택으로
합산배제 적용을 받아왔던 임대주택을 의무임대기간 요건을 채우지
못하고 양도하는 경우에는 경감받은 종합부동산세를 추징한다(종합부
동산세 집행기준 17-9-2).

합산배제되는 기존임대주택으로 적용받아 왔던 주택 중 1호가 법정
의무임대기간을 충족하지 못하게 될 경우 보유요건(임대호수)을 충족하
지 못한 나머지 주택에 대하여 각각 종합부동산세를 추징한다(종합부동
산세 집행기준 17-9-3).

⬤ 추징배제

위 규정에도 불구하고 다음의 어느 하나에 해당하는 경우에는 경감
받은 세액과 이자상당가산액을 추징하지 않는다.

① 최소 임대의무기간을 도과하여 임대료 요건을 위반한 경우
합산배제임대주택 중 건설임대주택, 매입임대주택, 건설임대주택 중
장기일반민간임대주택 등, 매입임대주택 중 장기일반민간임대주택 등
의 최소 임대의무기간이 지난 후에 임대료 요건을 충족하지 않게 된 경우

② 「민간임대주택에 관한 특별법」에 의해 소멸하는 임대유형의 경우

「민간임대주택에 관한 특별법」 제6조 제1항 제11호 또는 같은 조 제5항에 따라 임대사업자 등록이 말소된 경우

구분	내용
민특법 제6조 제1항 제11호	종전의 「민간임대주택에 관한 특별법」(법률 제17482호 민간임대주택에 관한 특별법 일부개정법률에 따라 개정되기 전의 것을 말한다. 이하 이 조에서 같다) 제2조 제5호의 장기일반민간임대주택 중 아파트(「주택법」 제2조 제20호의 도시형 생활주택이 아닌 것을 말한다)를 임대하는 민간매입임대주택 또는 제2조 제6호의 단기 민간임대주택에 대하여 임대사업자가 임대의무기간 내 등록 말소를 신청(신청 당시 체결된 임대차계약이 있는 경우 임차인의 동의가 있는 경우로 한정한다)하는 경우에 자진 말소됨.
민특법 제6조 제5항	종전의 「민간임대주택에 관한 특별법」 제2조 제5호에 따른 장기일반민간임대주택 중 아파트(「주택법」 제2조 제20호의 도시형 생활주택이 아닌 것을 말한다)를 임대하는 민간매입임대주택 및 제2조 제6호에 따른 단기 민간임대주택은 임대의무기간이 종료한 날 등록이 말소됨.

③ 재개발 등 이후에 「민간임대주택에 관한 특별법」에 의해 소멸하는 임대유형의 경우

「도시 및 주거환경정비법」에 따른 재개발사업·재건축사업, 「빈집 및 소규모주택 정비에 관한 특례법」에 따른 소규모주택정비사업으로 당초의 합산배제 임대주택이 멸실되어 새로 취득하거나 「주택법」에 따른 리모델링으로 새로 취득한 주택이 다음의 어느 하나에 해당하는 요건을 갖춘 경우. 다만, 새로 취득한 주택의 준공일부터 6개월이 되는 날이 2020년 7월 10일 이전인 경우는 제외한다.

가. 새로 취득한 주택에 대하여 2020년 7월 11일 이후 종전의 「민간임대주택에 관한 특별법」 제2조 제5호에 따른 장기일반민간임대주택 중 아파트를 임대하는 민간매입임대주택 또는 같은 조 제6호에 따른 단기 민간임대주택으로

가산세

종합부동산세 사후관리에 따라 추징되는 경우 다음의 가산세를 부과한다.

- 과소신고가산세 : 과소신고가산세 × 10%(부당과소신고 40%)
- 납부지연가산세 : 무(과소)납부세액 × 납부기한 다음날부터 고지일까지의 기간 × 1만분의 2.2

이자상당가산액

합산배제 된 임대주택 등 또는 주택신축용 토지로서 그 요건을 충족하지 아니하여 추징되는 경우 다음의 이자상당가산액을 추징한다.

경감세액 × 납부기한의 다음 달부터 고지일까지의 기간 × 1만분의 2.2

분납과 납부유예

● 분납

관할 세무서장은 종합부동산세로 납부하여야 할 세액이 250만 원을 초과하는 경우에는 그 세액의 일부를 납부기한이 지난날부터 6개월 이내에 분납하게 할 수 있다.

종합부동산세 납부고지서를 받은 자가 분납하려는 때에는 종합부동산세의 납부기한까지 종합부동산세 분납신청서를 관할 세무서장에게 제출해야 한다.

이 경우 관할 세무서장은 이미 고지한 납부고지서를 납부기한까지 납부해야 할 세액에 대한 납부고지서와 분납기간 내에 납부해야 할 세액에 대한 납부고지서로 구분하여 수정 고지해야 한다.

구　　분	분납대상 세액
납부할 세액이 250만 원 초과 500만 원 이하	250만 원 초과분
납부할 세액이 500만 원 초과	납부할 세액의 50% 이하

농어촌특별세는 종합부동산세 분납금액의 비율에 의하여 종합부동산세의 분납에 따라 분납할 수 있다(종합부동산세 집행기준 20-16-2).

● 신용카드 납부

고지(신고)금액 1천만 원(농특세 포함)까지는 신용카드로 납부할 수 있다. 이때 신용카드 0.8%, 체크카드 수수료 0.5%는 납세자 부담하여야 한다.

● 물납 폐지

과거에는 물납 제도가 있었으나, 2016년 3월 2일 폐지되었다.

● 납부유예

국세청은 종합부동산세 부담을 줄여주기 위해 '납부유예 제도'도 운영하고 있다. 주택을 양도하거나 상속·증여할 때까지 종합부동산세를 내지 않도록 유예해 주는 제도이다. 부동산 투기와 거리가 먼 고령층과 장기 주택 보유자의 부담을 덜어주자는 취지로 2022년 도입되었다.

● 납부유예 요건

① 1세대 1주택자 : 과세기준일인 6월 1일 기준으로 1세대 1주택자

(특례 신청한 공동명의 1주택자를 포함한다)일 것

② 고령자 또는 장기보유자 : 나이가 만 60세 이상이거나 해당 주택을 5년 이상 보유할 것

③ 소득 기준 : 작년 총급여가 7,000만 원 이하, 종합소득금액이 6,000만 원 이하일 것

④ 세액 기준 : 올해 고지받은 종합부동산세가 100만 원을 초과할 것

제**2**장

합산배제·과세특례 제도

합산배제 신고와 과세특례 신청 제도 개관

● 합산배제 신고와 과세특례 신청

종합부동산세 절세방법으로 종합부동산세법에서 규정하고 있는 합산배제 및 과세특례 제도는 특히 주택분 종합부동산세를 절세함에 있어 중요한 수단이다.

일정 요건을 갖춘 임대주택, 사원용 주택 등과 주택신축용 토지를 합산배제 신고하면 종합부동산세 과세대상에서 제외되며, 일시적 2주택, 상속주택, 지방 저가주택, 인구감소지역(인구감소관심지역 포함)의 1주택, 지방 준공 후 미분양주택 및 부부 공동명의 주택은 특례 신청 시 1세대 1주택자 계산방식(기본공제 12억 원, 연령(만 60세 이상) 및 보유기간(5년 이상)에 따른 세액공제(최대 80%) 적용)을 적용받을 수 있다. 한편, 특례기간에 취득하는 소형 신축주택 등은 3주택 이상자에게 적용되는 중과세율을 적용받지 않을 수 있다.

종합부동산세 합산배제 및 과세특례 대상 부동산을 소유한 납세자는 11월 정기고지에 반영되도록 9월 16일부터 9월 30일까지 신청해야 한다.

　종합부동산세 합산배제 신고 제도는 다음의 일정 요건을 충족한 임대주택, 일정 요건을 충족한 사원용 주택 등, 주택건설사업자가 주택건설을 위하여 취득한 토지에 대해 종합부동산세 과세에서 제외하는 제도로 사실상 종합부동산세 비과세와 같은 제도이다. 일반적인 비과세와 다른 것은 신고의무를 부여하고 사후관리한다는 것인데 신고감면이 아니므로 당초 합산배제 신고를 하지 않아 종합부동산세가 과다 부과된 경우 경정청구를 통해 환급받을 수 있을 것으로 사료된다.

구분	비고
임대주택 (종부령 제3조)	일정 요건을 충족한 주택으로서 과세기준일 현재 실제 임대하고 지방자치단체에 주택임대등록과 세무서에 사업자등록한 주택은 합산배제 신고 시 주택분 종합부동산세 과세표준에 합산의 대상이 되는 주택의 범위에 포함하지 않는다(비과세). 또한, 합산배제 신고한 임대주택 외의 주택을 소유하는 자가 과세기준일 현재 그 주택에 주민등록이 되어 있고 실제로 거주하고 있는 경우에는 1세대 1주택자 여부를 판단할 때 주택 수에서 제외한다.
사원용 주택 등 (종부령 제4조)	일정 요건을 갖춘 사원용 주택, 기숙사, 주택건설사업자의 미분양 주택, 주택건설 멸실목적 주택, 등록문화재주택 등은 합산배제 신고 시 주택분 종합부동산세 과세표준에 합산의 대상이 되는 주택의 범위에 포함하지 않는다(비과세). 또한, 1세대 1주택자 여부를 판단할 때 주택 수에서 제외한다.
주택신축용 토지 (조특법 제104조의19)	주택건설사업자가 주택건설을 위하여 취득한 토지로서 취득일부터 5년 내 주택법에 따른 사업계획승인을 받을 토지는 합산배제 신고 시 종합합산 토지분 종합부동산세 과세표준에 합산의 대상이 되는 토지의 범위에 포함하지 않는다(비과세).

　한편 2025년부터 6년 단기 임대주택등록 제도가 새롭게 시행됨에 따라, 과세기준일(2025.6.1.) 전 임대 개시한 경우 9월 30일까지 지방

자치단체에 단기 임대주택 등록과 세무서에 사업자등록을 모두 마치면 합산배제 신고가 가능하다. 종전에는 주택임대업으로만 사업자등록을 하는 경우라고 한정하였으나, 2026년부터 사업자등록으로 완화하였다. 이하 같다.

● 합산배제 신고방법

합산배제 임대주택을 보유한 납세의무자는 합산배제 임대주택의 규정을 적용받으려는 때에는 해당 연도 9월 16일부터 9월 30일까지 임대주택 합산배제 신고서에 따라 납세지 관할 세무서장에게 해당 주택의 보유현황을 신고하여야 한다. 다만, 최초의 합산배제 신고를 한 연도의 다음 연도부터는 그 신고한 내용 중 변동이 없는 경우에는 신고하지 아니할 수 있다.

한편 임대사업자가 합산배제 임대주택을 합산배제 신고기한이 경과한 이후에 신청하는 경우에도 합산배제 임대주택 규정이 적용된다(종합부동산세 집행기준 8-3-13).

합산배제 신고기간이 9월 16일부터 9월 30일이고 종합부동산세 부과는 12월 1일부터 12월 15일까지를 납부기한으로 고지되고 있는데 12월 1일부터 12월 15일 사이에 자진신고도 가능하기 때문에 합산배제 임대주택 규정이 적용되는 경우에 사후신청하고 신고·납부하는 방식을 취할 수 있다.

더 나아가 제때 합산배제하지 못한 경우라 할지라도 합산배제 임대주택 요건에 부합하는 경우에는 일반적인 경정청구도 가능하다.

유형	내용
최초·추가 신고	최초로 합산배제 신고를 하거나, 합산배제 대상물건을 추가(제외)하려는 경우에는 대상물건을 추가(제외)하는 신고를 한다.
변동 신고	기존 합산배제 신고한 물건의 소유권, 면적 등 변동사항이 있는 경우 이를 반영하여 합산배제 신고를 다시 하여야 한다.
제외 신고	임대등록이 말소되었거나 임대료의 5%를 초과하여 임대계약을 갱신하는 등 합산배제 요건을 충족하지 못하게 된 경우에는 대상물건을 제외하는 신고를 하여야 한다.
신고 면제	기존 합산배제 신고서를 제출한 납세자는 신고내용에 변동사항(소유권, 면적)이 없는 경우에는 별도로 신고할 필요가 없다.

◉ 과세특례 신청 제도

종합부동산세 과세특례 신청 제도는 다음의 1세대 1주택 판단 시 특례 주택, 세율 적용 시 주택 수 산정 제외, 법인의 주택분 종합부동산세 일반세율 적용, 부부 공동명의 1주택자 1세대 1주택 특례 적용 등 예외를 규정한 제도를 적용받는 납세의무자가 이를 신청하는 제도이다.

구분	비고
1세대 1주택자 판단 시 주택 수 산정 제외 (종부령 제4조의2)	과세기준일 현재 1주택 외 다음의 주택을 소유하는 경우 특례 신청 시 1세대 1주택자로 보아 1세대 1주택자 계산 방식을 적용받을 수 있다. ① 다른 주택의 부속토지 ② 종합부동산세법상 특례주택(일시적 2주택, 상속주택, 지방 저가주택) ③ 조세특례제한법상 인구감소(관심)지역 1주택과 준공 후 미분양주택

구분	비고
세율적용 시 주택 수 산정 제외 (종부령 제4조의3)	다음의 주택은 특례 신청을 통해 중세율 적용을 위한 주택 수 계산에서 제외한다. ① 합산배제 임대주택 및 사원용 주택 등 ② 종합부동산세법상 특례주택(일시적 2주택, 상속주택, 지방 저가주택) ③ 무허가주택 부속토지 ④ 일정 요건을 갖춘 신축주택 ⑤ 인구감소(관심)지역주택 및 준공 후 미분양주택
법인 일반세율 적용 (종부령 제4조의4)	공익법인, 공공주택사업자 등 일정한 법인은 특례 신청 시 주택분 종합부동산세 기본공제, 일반 누진세율, 세부담 상한을 적용받을 수 있다.
부부 공동명의 1주택자 (종부법 제10조의2)	과세기준일 현재 부부가 공동으로 1주택만을 소유하고 있는 경우 특례 신청 시 1세대 1주택자 계산방식을 적용받을 수 있다.

위와 같이 1세대 1주택자 특례를 적용받거나 종합부동산세 주택 중과세를 피하기 위해서는 종합부동산세 과세특례를 신청해야 한다. 과세특례로 인하여 1세대 1주택이 되는 자는 기본공제 12억 원, 연령(만 60세 이상) 및 보유기간(5년 이상)에 따른 세액공제(최대 80%)를 적용받을 수 있다.

● 조세특례제한법상 주택분 종합부동산세 과세특례 제도

종합부동산세법 외에 조세특례제한법으로 1세대 1주택 특례를 적용받을 수 있는 합산배제 주택을 규정하고 있는 바, 일정요건을 갖춘 인구감소지역(인구감소관심지역 포함)의 주택과 준공 후 미분양주택을 말한다.

구분	인구감소(관심)지역 주택	준공 후 미분양주택
취득기간	2024.1.4.~2026.12.31. 중 취득	2024.1.10.~2026.12.31. 중 취득
요건	1) 면적 : 전용면적 60㎡ 이하 1주택 2) 주택공시가격 : 4억 원 이하 　(비수도권 9억 원 이하) 3) 주택 소재지 : 인구감소(관심)지역	1) 면적 : 전용면적 85㎡ 이하 2) 취득가액 : 7억 원 이하 3) 주택 소재지 : 비수도권
근거법령	조특법 제71조의2	조특법 제98조의9

합산배제 임대주택 제도

● 합산배제 임대주택 제도

주택임대등록으로 법정한 합산배제 임대주택에 해당하는 경우에는 주택분 종합부동산세 과세표준 합산에서 제외되어 사실상 종합부동산세 비과세와 같은 효과를 갖게 된다. 다만 사후관리가 있는 바 사후관리 요건에 위배되면 본세 추징 및 이자상당가산액의 제재를 받게 될 수 있다.

● 신고방법 및 신고기간

납세의무자가 합산배제 임대주택의 규정(사후관리하는 비과세)을 적용받으려는 때에는 해당 연도 9월 16일부터 9월 30일까지 「임대주택 합산배제 (변동)신고서」에 따라 신고하여야 한다. 최초의 합산배제 신고를 한 연도의 다음 연도부터는 그 신고한 내용 중 임대주택의 소유권 또는 전용면적의 변동이 없는 경우에는 별도의 신고 없이 계속 적용된다.

● 사후관리

합산배제를 적용받은 후 임대의무기간, 임대료 증액제한 요건 등을 준수하지 못한 경우 감면받은 종합부동산세액과 이자상당가산액을 추징한다.

● 합산배제 적용 시 혜택

주택분 종합부동산세 과세표준에 합산의 대상이 되는 주택의 범위에 포함하지 않는다(비과세).

● 합산배제 임대주택의 범위

"합산배제 임대주택"이란 「공공주택 특별법」 제4조에 따른 공공주택사업자 또는 「민간임대주택에 관한 특별법」 제2조 제7호에 따른 임대사업자(이하 '임대사업자')로서 과세기준일 현재 「소득세법」 제168조 또는 「법인세법」 제111조에 따른 사업자등록을 한 자가 임대하거나 소유하고 있는 아래 어느 하나에 해당하는 주택을 말한다. 합산배제 신고기간 종료일(9월 30일)까지 임대사업자로서 사업자등록을 하는 경우에는 해당 연도 과세기준일 현재 임대사업자로서 사업자등록을 한 것으로 본다.

① 공공건설 및 구 민간건설(2018년 3월 31일 이전 등록) 임대주택

「민간임대주택에 관한 특별법」 제2조 제2호에 따른 민간건설임대주택(2018년 3월 31일 이전에 지자체 임대사업자 등록과 세무서 사업자등록을 한 주택으로 한정)과 「공공주택 특별법」 제2조 제1호의2에 따른 공공건설임대주택으로서 아래 조건에 해당하는 주택은 종합부동산세 합산배제한다.

법령	유형	면적	주택 수	공시가격	임대기간	임대료
1호	공공건설임대주택 민간건설임대주택 ('18.3.31. 이전 등록분)	149㎡ 이하	시·도별 2호 이상	9억 원[주1] 이하	5년 이상	증가율 5% 이하[주3], 1년 내 재증액 금지
			시도별 30호 이상	12억 원[주2] 이하		

(주1) 2호 이상 주택 임대를 개시한 날(2호 이상의 주택 임대개시일 이후 임대한 주택의 경우에는 그 주택의 임대개시일) 또는 최초 합산배제 신고 연도의 과세기준일 현재 공시가격이 9억 원 이하여야 한다.
(주2) 30호 이상의 주택 임대를 개시한 날(30호 이상의 주택 임대개시일 이후 임대한 주택의 경우에는 그 주택의 임대개시일) 또는 최초 합산배제신고 연도의 과세기준일 현재 공시가격이 12억 원 이하여야 한다. 다만, 2021년 2월 16일 이전 사용승인을 받거나 사용검사 확인증을 받는 건설임대주택은 6억 원 이하로 한다.
(주3) 「공공주택 특별법」 제49조(공공임대주택의 임대조건 등) 제4항에 따라 임대료 등을 증액하는 경우에는 5% 기준을 적용하지 않으며, 임대사업자가 임대료 등의 증액을 청구하면서 임대보증금과 월임대료를 상호 간에 전환하는 경우에는 「민간임대주택에 관한 특별법」 제44조(임대료) 제4항 및 「공공주택 특별법 시행령」 제44조(공공임대주택의 임대료) 제3항에 따라 정한 기준을 준용한다. 이하 같다.

다만, 공공주택사업자 중 한국토지주택공사 또는 주택사업을 목적으로 설립된 지방주택공사가 소유하고 있는 주택의 경우에는 주거전용면적과 공시가격 요건을 적용하지 않는다.

② 공공매입 및 구 민간매입(2018년 3월 31일 이전 등록) 임대주택

「민간임대주택에 관한 특별법」 제2조 제3호에 따른 민간매입임대주택(2018년 4월 2일 이전에 지자체 임대사업자 등록과 세무서 사업자등록을 한 주택으로 한정)과 「공공주택 특별법」 제2조 제1호의3에 따른 공공매입임대주택으로서 아래 조건에 해당하는 주택은 종합부동산세 합산배제한다.

법령	유형	면적	주택 수	공시가격	임대기간	임대료
2호	민간매입임대주택 ('18.3.31. 이전 등록 분)	–	전국 30호 미만	6억 원 이하 (수도권 밖 3억 원 이하)	5년 이상	증가율 5% 이하, 1년 내 재증액 금지
	공공매입임대주택		전국 30호 이상	9억 원 이하 (수도권 밖 6억 원 이하)		

다만, 공공주택사업자 중 한국토지주택공사 또는 주택사업을 목적으로 설립된 지방주택공사가 소유하고 있는 주택의 경우에는 주거전용면적과 공시가격 요건을 적용하지 않는다.

③ 기존임대(2005년 1월 5일 이전 등록 공공·민간임대) 주택

2005년 1월 5일 이전에 임대사업자 등록을 하고 임대한 주택으로서 아래 요건을 갖춘 주택은 종합부동산세 합산배제한다.

법령	유형	면적	주택 수	공시가격	임대기간	임대료
3호	기존임대주택 ('05.1.5. 이전 등록분)	국민주택 규모 이하	전국 2호 이상	3억 원 이하	5년 이상	–

국민주택규모 이하란 전용면적 85㎡(단, 수도권을 제외한 도시지역 외 읍·면지역 100㎡) 이하를 말한다. 해당 주택의 2005년도 과세기준일 현재 공시가격이 3억 원 이하여야 한다.

④ 민간건설 미임대주택

「민간임대주택에 관한 특별법」 제2조 제2호에 따른 민간건설임대주택으로서 사용승인을 받은 날 또는 사용검사 후 사용검사필증을 받은 날부터 과세기준일 현재까지의 기간 동안 임대된 사실이 없고, 그 임대되지 아니한 기간이 2년 이내인 주택은 종합부동산세 합산배제한다.

법령	유형	면적	주택 수	공시가격	임대기간	임대료
4호	미임대 민간건설임대주택	149㎡ 이하	–	9억 원 이하	–	–

합산배제 신고를 한 연도의 과세기준일 현재의 공시가격이 9억 원 이하여야 한다. 2021년 2월 16일 이전 사용승인을 받거나 사용검사 확인증을 받는 건설임대주택은 6억 원 이하여야 한다. 본 규정은 합산배제임대주택이 임대를 전제로 하는 점에 반하여 소유만으로 합산배제가 되는 특징이 있다.

⑤ 리츠·펀드 매입임대주택

「부동산투자회사법」 제2조 제1호에 따른 부동산투자회사 또는 「간접투자자산 운용업법」 제27조 제3호에 따른 부동산간접투자기구가 2008년 1월 1일부터 2008년 12월 31일까지 취득 및 임대하는 매입임대주택으로서 아래 요건을 갖춘 주택은 종합부동산세 합산배제한다.

법령	유형	면적	주택 수	공시가격	임대기간	임대료
5호	리츠·펀드 매입임대주택 ('08.1.1.~'08.12.31. 취득 및 임대분)	149㎡ 이하	전국 5호 이상 (비수도권)	6억 원 이하	10년 이상	–

⑥ 미분양 매입임대주택

「주택법」에 따른 사업주체가 2008년 6월 10일까지 분양계약이 체결되지 아니하여 선착순의 방법으로 공급하는 주택으로서 2008년 6

월 11일~2009년 6월 30일 사이에 최초로 분양계약을 체결하고 계약금을 납부한 주택으로서 아래 요건을 갖춘 주택은 종합부동산세 합산배제한다.

다만 2020년 7월 11일 이후 종전의 「민간임대주택에 관한 특별법」 제5조 제1항에 따라 등록 신청한 단기 민간임대주택, 2020년 7월 11일 이후 종전의 「민간임대주택에 관한 특별법」 제5조 제1항에 따라 등록 신청한 장기일반민간임대주택 중 아파트를 임대하는 민간매입임대주택 (2020. 10. 7. 신설), 종전의 「민간임대주택에 관한 특별법」 제2조 제6호에 따른 단기 민간임대주택으로서 2020년 7월 11일 이후 같은 법 제5조 제3항에 따라 공공지원민간임대주택 또는 장기일반민간임대주택으로 변경 신고한 주택은 제외한다.

법령	유형	면적	주택 수	공시가격	임대기간	임대료
6호	미분양 매입임대주택 ('08.6.11.~'09.6.30. 분양계약 체결분)	149㎡ 이하	시도별 5호 이상 (비수도권)	3억 원 이하	5년 이상	–

해당 주택을 보유한 납세의무자는 합산배제 신고와 함께 시장·군수 또는 구청장이 발행한 미분양주택 확인서 사본 및 미분양주택 매입 시의 매매계약서 사본을 제출하여야 한다.

⑦ 민간건설 장기일반·공공지원임대주택

건설임대주택 중 「민간임대주택에 관한 특별법」 제2조 제4호에 따른 공공지원 민간임대주택(기업형 임대주택) 또는 같은 조 제5호에 따른 장기일반민간임대주택으로서 아래 조건에 해당하는 주택은 종합부동산세 합산배제한다.

다만, 종전의 「민간임대주택에 관한 특별법」 제2조 제6호에 따른 단기민간임대주택으로서 2020년 7월 11일 이후 같은 법 제5조 제3항에 따라 공공지원민간임대주택 또는 장기일반민간임대주택으로 변경 신고한 주택은 제외한다.

법령	유형	면적	주택 수	공시가격	임대기간	임대료
7호	민간건설 장기일반등임대주택 ('20.8.18. 이후 등록신청분)	149㎡ 이하	시도별 2호 이상	9억 원(주1) 이하	10년(주3) 이상	증가율 5% 이하, 1년 내 재증액 금지
			시도별 30호 이상	12억 원(주2) 이하		

(주1) 2호 이상 주택 임대를 개시한 날(2호 이상의 주택 임대개시일 이후 임대한 주택의 경우에는 그 주택의 임대개시일) 또는 최초 합산배제 신고 연도의 과세기준일 현재 공시가격이 9억 원 이하여야 한다.
(주2) 30호 이상의 주택 임대를 개시한 날(30호 이상의 주택 임대개시일 이후 임대한 주택의 경우에는 그 주택의 임대개시일) 또는 최초 합산배제신고 연도의 과세기준일 현재 공시가격이 12억 원 이하여야 한다. 다만, 2021년 2월 16일 이전 사용승인을 받거나 사용검사 확인증을 받는 건설임대주택은 6억 원 이하로 한다.
(주3) 2020년 8월 18일 이후 「민간임대주택에 관한 특별법」 제5조 제1항에 따라 등록 신청한 경우부터 적용한다.

⑧ 민간매입 장기일반·공공지원임대주택

매입임대주택 중 「민간임대주택에 관한 특별법」 제2조 제4호에 따른 공공지원 민간임대주택(기업형 임대주택) 또는 같은 조 제5호에 따른 장기일반민간임대주택으로서 아래 조건에 해당하는 주택은 종합부동산세 합산배제한다.

다만 종전의 「민간임대주택에 관한 특별법」 제2조 제6호에 따른 단기민간임대주택으로서 2020년 7월 11일 이후 같은 법 제5조 제3항에 따라 공공지원민간임대주택 또는 장기일반민간임대주택으로 변경 신고한 주택은 제외한다.

법령	유형	면적	주택 수	공시가격	임대기간	임대료
8호	장기민간매입임대주택 (비조정대상지역만 해당, 아파트 제외)	–	전국 30호 미만	6억 원[주1] 이하 (수도권 밖 3억 원 이하)	10년 이상[주2]	증가율 5% 이하, 1년 내 재증액 금지
			전국 30호 이상	9억 원[주1] 이하 (수도권 밖 6억 원 이하)		

(주1) 해당 주택 임대를 개시한 날 또는 최초 합산배제신고 연도의 과세기준일 현재 공시가격으로 한다.
(주2) 2020년 8월 18일 이후 「민간임대주택에 관한 특별법」 제5조에 제1항에 따라 등록 신청한 경우부터 적용한다.

한편 개인이 1세대가 국내에 1주택 이상을 보유한 상태에서 2018년 9월 14일 이후 새로이 취득한 조정대상지역에 있는 장기일반민간임대주택은 합산배제 대상에서 제외하고, 법인 또는 법인으로 보는 단체가 2020년 6월 18일 이후 지자체 임대사업자등록신청 또는 세무서 사업자등록신청을 한 조정대상지역 내 장기일반민간임대주택은 합산배제 대상에서 제외한다.

2020년 7월 11일 이후 종전의 「민간임대주택에 관한 특별법」 제5조에 제1항에 따라 등록 신청한 장기일반민간임대주택 중 아파트를 임대하는 민간매입임대주택은 합산배제 대상 제외한다.

⑨ 분양전환 공공임대주택 중 미분양된 주택

①에 해당하는 공공건설임대주택 또는 ②에 해당하는 공공매입임대주택 중 「공공주택 특별법 시행령」 제2조 제1항 제5호에 따른 분양전환공공임대주택으로서 같은 영 제54조에 따른 임대의무기간이 만료된 후 분양전환이 이루어지지 않은 주택(임대의무기간 만료일의 다음 날부터 2년 이내인 경우로 한정)은 종합부동산세 합산배제한다.

⑩ 단기 건설임대주택('25.6.4. 이후 등록)

건설임대주택 중 「민간임대주택에 관한 특별법」 제2조 제6호의2에 따른 단기 민간임대주택(2025.6.4. 이후 임대사업자 등록을 한 단기 임대주택)으로서 다음 요건을 모두 갖춘 주택은 종합부동산세 합산배제한다.

법령	유형	면적	주택 수	공시가격	임대기간	임대료
10호	단기 건설임대주택	149㎡ 이하	시도별 2호 이상	6억 원 이하	6년 이상	증가율 5% 이하, 1년 내 재증액 금지

⑪ 단기 매입임대주택('25.6.4. 이후 등록)

매입임대주택 중 「민간임대주택에 관한 특별법」 제2조 제6호의2에 따른 단기 민간임대주택(2025.6.4. 이후 임대사업자 등록을 한 단기 임대주택)으로서 다음 요건을 모두 갖춘 주택은 종합부동산세 합산배제한다.

다만 종전의 「민간임대주택에 관한 특별법」 제2조 제6호에 따른 단기민간임대주택으로서 2020년 7월 11일 이후 같은 법 제5조 제3항에 따라 공공지원민간임대주택 또는 장기일반민간임대주택으로 변경 신고한 주택은 제외한다.

법령	유형	면적	주택 수	공시가격	임대기간	임대료
11호	장기민간매입임대주택 (비조정대상지역)	–	전국 1호 이상	4억 원 이하 (수도권 밖 2억 원 이하)	6년 이상	증가율 5% 이하, 1년 내 재증액 금지

한편 개인이 1세대가 국내에 1주택 이상을 보유한 상태에서 2018년 9월 14일 이후 새로이 취득한 조정대상지역에 있는 단기 민간임대주택은 합산배제 대상에서 제외하고, 법인 또는 법인으로 보는 단체가 2020년 6월 18일 이후 지자체 임대사업자등록신청 또는 세무서 사업자등록신청을 한 조정대상지역 내 단기 민간임대주택은 합산배제 대상에서 제외한다.

주택임대등록을 통해 종합부동산세를 줄일 수 있는지?

○ 주택임대등록 제도

다주택자가 임대하는 주택을 주택임대등록할 것인지, 안 할 것인지는 자유의사에 따르는 것이다. 주택임대등록이 이익이 된다면 일정한 손해를 감수하고서라도 주택임대등록을 하게 된다.

이익 차원에서 보자면 양도소득세와 종합부동산세의 절세 혜택을 들 수 있는데 주택임대등록 제도란 주택 소유자가 보유 주택을 지방자치단체에 주택임대사업자등록하고 세무서에 사업자등록하는 것으로 주택임대사업자등록에 따라 의무임대기간 유지와 임대료 인상률 제한 등 공적 규제(손해)를 받는 대신에 종합부동산세를 합산배제(비과세) 받고 경우에 따라서는 본인의 거주주택 양도 시 임대주택이 있음에도 불구하고 양도소득세 비과세 혜택을 부여하는 제도를 말한다.

한편 이러한 임대등록된 주택을 매각할 때에도 과거에는 장기보유특별공제 혜택을 과도하게 부여하는 등 특혜도 있었다.

종래 「민간임대주택에 관한 특별법」은 임대의무기간을 단기 민간임대주택(4년)과 장기일반민간임대주택(8년)으로 구분하여 운영하였으나,

주택임대등록 제도의 과도한 세제 혜택(장기보유특별공제)을 줄이는 한편, 「민간임대주택에 관한 특별법」을 개정하여 2020년 8월 이후부터 장기일반민간임대주택(10년)으로만 운영하였고 아파트는 임대등록대상에서 아예 제외하였다. 한편 2025년 6월 4일 이후 「민간임대주택에 관한 특별법」에 6년의 단기 임대주택 제도가 도입되었다.

● 주택임대등록에 따른 종합부동산세 절세와 사후관리

주택분 종합부동산세 절세를 이야기할 때 빼놓을 수 없는 것이 바로 주택임대등록 제도이다. 그런데 이러한 주택임대등록으로 종합부동산세를 절세하려면 과세기준일 현재 등록임대사업자 요건을 갖추어야 하고, 앞서 열거한 임대주택 요건에 부합하여야 한다. 또한 세무서에 사업자등록까지 요구하는 것인데 이는 합산배제 신고기간 종료일까지 이행해도 무방하다. 그러나 적격 사업자등록을 하지 않은 경우에는 형식적 요건 자체가 미비하여 합산배제 임대주택에서 제외되는 것이 원칙이다.

그렇다면 주택임대등록에 있어서 주택의 부속토지만을 소유한 경우라면 주택임대사업자로 등록할 수 있을까? 이와 관련하여 임대주택으로서 종합부동산세를 과세제외 받으려면 과세기준일(6월 1일) 현재 지방자치단체에 주택임대사업자등록과 세무서에 사업자등록이 되어야 하므로, 주택임대사업자등록할 수 없는 "주택 중 부속토지만 소유한 자"는 종합부동산세 합산배제를 적용할 수 없다(서면 2022부동산5134, 2023. 3.6., 종합부동산세과-25, 2011.10.13.)는 해석에 유의하여야 한다.

한편 임대주택의 종합부동산세 합산배제를 적용받기 위해서는 임대사업자가 임대주택 등록 후 임대의무기간 동안 계속 임대하여야 하므로 「민간임대주택에 관한 특별법」에 따라 합법적으로 임대주택을 양도하였다 하더라도 의무임대요건을 채우지 못하고 양도하는 경우에는 당초 경감받은 종합부동산세를 추징한다(종합부동산세과 -102, 2009.6.15.)는 점에도 유의하여야 한다.

다만 2020년 7월 「민간임대주택에 관한 특별법」 개정으로 장기일반민간임대주택 중 아파트 매입임대와 단기임대(4년)는 신규등록을 받지 않고, 기존에 임대등록한 사업자들도 등록한 임대의무기간이 종료되면 자동말소되거나, 본인이 희망하면 임대의무기간 중에도 과태료 없이 자진말소할 수 있게 되었다. 이때 종합부동산세 추징과 관련하여 자동말소(의무임대기간이 만료되어 자동으로 등록이 말소되는 경우) 및 자진말소(의무임대기간의 1/2 이상을 임대한 후 자진해서 등록을 말소하는 경우)하게 되면 말소되기 전까지 감면받았던 종합부동산세는 추징당하지 않을 수 있도록 조치하였다.

● 국가, 지방자치단체, LH 등 공공주택사업자를 제외한 합산배제 임대주택의 유형

합산배제 임대주택의 유형에는 국가, 지방자치단체, 한국토지주택공사 등 공공주택사업자와 관련된 조항이 있지만 종합부동산세 절세를 연구하는 민간인 입장에서 이를 제외한 합산배제 임대주택의 유형, 의무임대기간, 임대료 요건, 적용 제외만 요약하면 다음과 같다.

법령	등록시기, 주택종류 등	임대기간	임대보증금 또는 임대료	적용제외
제1호	2018년 3월 31일 이전에 임대사업자 등록과 사업자등록을 한 주택	5년 이상	연 증가율 5% 이하, 1년 이내 재증액 금지	–
제2호				–
제3호	임대사업자의 지위에서 2005년 1월 5일 이전부터 임대하고 있던 임대주택	5년 이상	–	–
제4호	사용승인을 받은 날 또는 사용검사 후 사용검사 필증을 받은 날부터 과세기준일 현재까지의 기간 동안 임대된 사실이 없고, 그 임대되지 않은 기간이 2년 이내인 주택	–	–	–
제5호	부동산투자회사 또는 부동산간접투자기구가 2008년 1월 1일부터 2008년 12월 31일까지 취득 및 임대하는 수도권 밖 주택	10년 이상	–	–
제6호	2008년 6월 10일 현재 미분양주택으로서 2008년 6월 11일부터 2009년 6월 30일까지 최초로 분양계약을 체결하고 계약금을 납부한 수도권 밖 주택	5년 이상	–	폐지유형 임대주택
제7호	공공지원민간임대주택 또는 장기일반민간임대주택	10년 이상	연 증가율 5% 이하, 1년 이내 재증액 금지	폐지유형 임대주택 조정대상 지역주택
제8호				
제10호	2025년 6월 4일 이후에 임대사업자 등록을 한 단기 민간임대주택	6년 이상	연 증가율 5% 이하, 1년 이내 재증액 금지	–
제11호				조정대상 지역주택

한편 임대료 요건에서 임대료 등 증액 청구는 임대차계약의 체결 또는 약정한 임대료 등의 증액이 있은 후 1년 이내에는 불가하며, 임대사업자가 임대료 등의 증액을 청구하면서 임대보증금과 월 임대료를 상호 간에 전환하는 경우에는 「민간임대주택에 관한 특별법」 제44조 제4항에 따라 정한 기준(보증금의 전부 또는 일부를 월 단위 차임으로 전환하는 경우에는 "10%"와 "기준금리 現 0.5% + 3.5%" 중 낮은 비율을 적용)을 준용한다.

04 합산배제 임대주택의 임대기간 계산

종합부동산세 합산배제 임대주택은 임대유형별 임대주택 수와 의무임대기간을 준수하여야 한다. 이때 임대기간은 다음과 같이 계산한다(종부령 §3 ⑦).

● 일반적인 경우

건설임대주택과 기존임대주택 및 건설임대주택 중 장기일반민간임대주택 등의 임대기간은 임대사업자로서 2호 이상의 주택의 임대를 개시한 날(2호 이상의 주택의 임대를 개시한 날 이후 임대를 개시한 주택의 경우에는 그 주택의 임대개시일)부터, 매입임대주택과 매입임대주택 중 장기일반민간임대주택 등의 임대기간은 임대사업자로서 임대개시일부터, 리츠·펀드의 매입임대주택 및 미분양매입임대주택의 임대기간은 임대사업자로서 5호 이상의 주택의 임대를 개시한 날(5호 이상의 주택의 임대를 개시한 날 이후 임대를 개시한 주택의 경우에는 그 주택의 임대개시일)부터 계산한다(종부령 §3 ⑦ 1호). 즉 임대사업자 등록 후 의무임대 호수 이상의 주택의 임대를 개시한 날부터 임대기간을 계산하는 것이 원칙이다.

다만, 건설임대주택은 건축물 사용승인일(건축법 §22) 또는 사용검사 (주택법 §29) 후 주택 사용검사필증 교부일부터 민간임대주택에 관한 특별법 제43조 또는 공공주택 특별법 제50조의2에 따른 임대의무기 간의 종료일까지의 기간(해당 주택을 보유한 기간에 한정) 동안은 계속 임 대하는 것으로 간주한다(종부령 §3 ⑦ 6호). 한편 임대기간 계산 특례는 다음과 같다.

◉ 상속에 의해 취득한 임대주택의 임대기간 계산

상속으로 인하여 피상속인의 합산배제 임대주택을 취득하여 계속 임대하는 경우에는 당해 피상속인의 임대기간을 상속인의 임대기간에 합산한다(종부령 §3 ⑦ 2호).

◉ 합병·분할 등으로 취득하는 임대주택의 임대기간 계산

합병법인 등(합병·분할 또는 조직변경을 한 법인)이 피합병법인 등(합병· 분할 또는 조직변경 전의 법인)의 합산배제 임대주택을 취득하여 계속 임 대하는 경우에는 당해 피합병법인 등의 임대기간을 합병법인 등의 임 대기간에 합산한다(종부령 §3 ⑦ 3호).

◉ 임차인이 퇴거한 임대주택의 임대기간 계산

기존 임차인의 퇴거일부터 다음 임차인의 입주일까지의 기간이 2년 이내인 경우에는 계속 임대하는 것으로 간주한다(종부령 §3 ⑦ 4호).

⬤ 기타 사유로 임대하지 못하는 주택의 임대기간 계산

다음의 어느 하나에 해당하는 사유로 합산배제 임대주택 요건을 충족하지 못하게 되는 때에는 건설임대주택, 기존임대주택 및 미분양매입임대주택은 상기 ①에 의한 임대기간 기산일로부터 의무임대기간이 되는 날까지는 해당 사유로 임대하지 못하는 주택에 한하여 계속 임대하는 것으로 본다(종부령 §3 ⑦ 5호).

- 공익사업을 위한 토지 등의 취득 및 보상에 관한 법률이나 그 밖의 법률에 따른 협의매수 또는 수용
- 건설임대주택으로서 임차인에 대한 분양전환(공공주택 특별법 시행령 §54 ② 2호)
- 천재·지변, 그밖에 이에 준하는 사유의 발생

⬤ 재개발사업 등에 대한 특례

「도시 및 주거환경정비법」에 따른 재개발사업·재건축사업 또는 「빈집 및 소규모주택 정비에 관한 특례법」에 따른 소규모주택정비사업에 따라 당초의 합산배제 임대주택이 멸실되어 새로운 주택을 취득하게 된 경우에는 멸실된 주택의 임대기간과 새로 취득한 주택의 임대기간을 합산한다. 이 경우 새로 취득한 주택의 준공일부터 6개월 이내에 임대를 개시해야 한다(종부령 §3 ⑦ 7호). 이 경우 주택의 임대기간의 합산을 받으려는 자는 주택이 멸실된 후에 최초로 도래하는 과세기준일이 속하는 과세연도의 합산배제 신고기간에 기획재정부령으로 정하는 서류를 관할 세무서장에게 제출해야 한다(종부령 §3 ⑩).

● 리모델링 사업에 대한 특례

「주택법」에 따른 리모델링을 하는 경우에는 해당 주택의 같은 법에 따른 허가일 또는 사업계획승인일 전의 임대기간과 준공일 후의 임대기간을 합산한다. 이 경우 준공일부터 6개월 이내에 임대를 개시해야 한다(종부령 §3 ⑦ 7의2호). 이 경우 주택의 임대기간의 합산을 받으려는 자는 주택 리모델링의 허가일 또는 사업계획승인일 후에 최초로 도래하는 과세기준일이 속하는 과세연도의 합산배제 신고기간에 기획재정부령으로 정하는 서류를 관할 세무서장에게 제출해야 한다(종부령 §3 ⑩).

● 공공주택사업자에 대한 특례

「공공주택 특별법」 제4조에 따른 공공주택사업자가 소유한 임대주택의 경우 위 ① 및 ④에도 불구하고 다음의 주택별로 규정한 기간 동안 계속 임대하는 것으로 본다(종부령 §3 ⑦ 8호).

- 매입임대주택 중 공공매입임대주택 : 취득일부터 「공공주택 특별법」 제50조의 2에 따른 임대의무기간의 종료일까지의 기간(해당 주택을 보유한 기간에 한정한다)
- 기존임대주택 : 최초 임대를 개시한 날부터 양도일까지의 기간

● 임대기간 계산 특례 요약

구 분	임대기간 계산 특례
상속받은 합산배제 임대주택	피상속인 임대기간 + 상속인 임대기간
합병법인 합산배제 임대주택	피합병법인 임대기간 + 합병법인 임대기간
기존 임차인이 퇴거한 경우	퇴거일부터 다음 임차인 입주일이 2년 이내

구 분	임대기간 계산 특례
	(2011.6.3. 이후 최초 납세의무 성립분부터 적용)인 경우 임대기간에 포함
「공익사업을 위한 토지 등의 취득 및 보상에 관한 법률」이나 그 밖의 법률에 따른 협의매수 또는 수용, 건설임대주택으로서 「공공주택 특별법 시행령」 제54조 제2항 제2호에 따른 임차인에 대한 분양전환, 천재·지변, 기타 이에 준하는 사유가 발생한 경우	「종합부동산세법 시행령」 제3조 제1항 각 호(제4호 제외)의 주택이 같은 항의 요건을 충족하지 못하게 된 때에는 제1호에 따른 기산일부터 제1항 각 호의 나목에 따른 기간이 되는 날까지 계속 임대한 것으로 봄
건설임대주택의 경우	「건축법」 제22조에 따른 사용승인을 받은 날 또는 「주택법」 제49조에 따른 사용검사 후 사용검사필증을 받은 날부터 임대의무기간 종료일까지의 기간* 동안은 계속 임대한 것으로 봄.* 해당 주택을 보유한 기간에 한정
「빈집 및 소규모주택 정비에 관한 특례법」상 소규모주택정비사업의 경우	멸실된 주택의 임대기간 + 신규 취득한 주택의 임대기간
「주택법」상 리모델링 사업의 경우	허가일(또는 사업계획승인일) 전의 임대기간 + 준공일 후의 임대기간
「공공주택 특별법」 제4조에 따른 공공주택사업자가 소유한 임대주택의 경우	• 취득일부터 「공공주택 특별법」 제50조의2에 따른 임대의무기간의 종료일까지의 기간(해당 주택을 보유한 기간에 한정) • 그 외 : 최초 임대를 개시한 날부터 양도일까지의 기간

　임차인 보호를 위하여 임대료 요건이 적용되는 건설임대주택, 매입임대주택, 건설임대주택 중 장기일반민간임대주택 등, 매입임대주택 중 장기일반민간임대주택 등이 임대료 요건을 충족하지 않게 된 때에는 해당 과세연도를 포함하여 연속하는 2개 과세연도까지는 합산배제 임대주택에서 제외한다. 이는 통상 임대기간이 2년인 점을 감안한 것이다.

다가구 임대주택의 합산배제 기준

● 다가구주택의 정의

합산배제 다가구 임대주택이란 임대사업자로서 사업자등록을 한 자가 임대하는 「건축법 시행령」 별표 1 제1호 다목에 따른 다음의 다가구주택을 말한다.

다음의 요건(건축령 별표 1 1호 다목) 모두를 갖춘 주택으로서 공동주택에 해당하지 아니하는 주택을 말함.
- 주택으로 쓰이는 층수(지하층을 제외함)가 3개층 이하일 것. 다만, 1층의 바닥면적 1/2 이상을 필로티 구조로 하여 주차장으로 사용하고 나머지 부분을 주택 외의 용도로 쓰는 경우에는 해당 층을 주택의 층수에서 제외함.
- 1개 동의 주택으로 쓰이는 바닥면적(부설주차장 면적 제외)의 합계가 660㎡ 이하일 것
- 19세대 이하가 거주할 수 있을 것

● 다가구주택의 합산 배제요건

합산배제 임대주택 요건을 적용함에 있어서 다가구주택은 「지방세법 시행령」 제112조에 따른 1구를 1호의 주택으로 본다. 이는 다가구

주택이 공동주택인 다세대주택과 유사한 주거형태로 다세대주택과의 과세형평성을 고려하여 합산배제 임대주택 여부를 판정하고자 하는 것이다. 참고로 다가구주택의 재산세도 1구의 주택단위로 부과한다.

● 부부가 다가구주택과 그 부속토지를 각각 소유한 경우

「건축법 시행령」 별표 1 제1호 다목에서 규정하는 다가구주택의 부속토지는 부부 중 1인이, 건물은 그 배우자가 각각 소유하는 경우 당해 다가구주택의 부속토지는 「종합부동산세법」 제8조의 합산배제 임대주택 규정이 적용되지 않는다(종합부동산세 집행기준 8-3-12).

합산배제 임대주택과 그밖에 '1주택'을 소유한 경우 1세대 1주택자 적용을 받으려면 세대원 중 1명만이 그 '1주택'을 소유하면서 그 주택에 주민등록을 하고 실제 거주해야 한다.

양도소득세는 직장 이전 등 부득이한 사정이 있는 경우 1세대 1주택 거주기간을 인정하는 등의 예외가 있으나, 종합부동산세는 그러한 예외가 없으므로 거주하지 않은 주택에 대해 1세대 1주택자 적용을 받을 수 없다.

● 소유한 사람이 거주하여야 한다.

세대원이 합산배제 임대주택을 소유한 경우에 1세대 1주택자 적용을 받으려면 그밖에 '1주택'을 소유한 사람이 해당 주택에 주민등록을 하고 거주해야 하며, 직장 이전 등 부득이한 사정은 고려 대상이 아님을 유의해야 한다. 합산배제 임대주택이 있는 경우 그 외의 1주택에 실제 거주할 수 있는 사람이 그 외의 1주택을 소유해야 1세대 1주택자 혜택을 받을 수 있다.

● 이주공고에 따라 거주하지 못한 경우에도

「종합부동산세법 시행령」 제3조 제1항 각 호(제5호는 제외한다)의 합산배제 임대주택과 제4조 제1항 각 호의 합산배제 사원용 주택 등 외의 주택을 소유하는 자가 과세기준일 현재 그 주택에 실제로 거주하고 있지 않은 경우에는 합산배제 임대주택은 같은 법 시행령 제2조의3 제1항에 따른 1세대 1주택자 여부를 판단할 때 1세대가 소유한 주택 수에서 제외하지 아니하는 것

(기획재정부 재산세제과-198, 2023.2.2.)이라고 하여 일반주택과 합산배제 임대
주택을 소유 중 재건축사업 이주공고에 따라 일반주택에서 퇴거(건물철거
전)한 경우에도 1세대 1주택자에 해당하지 아니한다.

06 합산배제 사원용 주택 등

● 합산배제 사원용 주택 등 제도

법정한 합산배제 사원용 주택 등 용도에 비추어 종합부동산 과세가 적절하지 않은 경우에 해당되면 주택분 종합부동산세 과세표준 합산에서 제외되어 사실상 종합부동산세 비과세와 같은 효과를 갖게 된다. 다만 사후관리가 있는 바 사후관리 요건에 위배되면 본세 추징 및 이자 상당가산액의 제재를 받게 될 수 있다.

● 신고방법 및 신고기간

납세의무자가 합산배제 사원용 주택 등의 규정(사후관리하는 비과세)을 적용받으려는 때에는 해당 연도 9월 16일부터 9월 30일까지 「사원용 주택 등 합산배제 (변동)신고서」에 따라 신고하여야 한다. 최초의 합산배제 신고를 한 연도의 다음 연도부터는 그 신고한 내용 중 임대주택의 소유권 또는 전용면적의 변동이 없는 경우에는 별도의 신고 없이 계속 적용된다.

● 합산배제 적용 시 혜택

주택분 종합부동산세 과세표준에 합산의 대상이 되는 주택의 범위에 포함하지 않는다(비과세).

● 사후요건

합산배제를 적용받은 후 요건을 충족하지 못한 것이 확인된 경우 감면받은 종합부동산세액과 이자상당가산액을 부과받을 수 있다.

● 합산배제 사원용 주택 등의 범위

① 사원(종업원)용 주택

"사원용 주택"이란 종업원의 주거를 위해 무상이나 저가로 제공하는 사용자 소유의 국민주택규모 이하이거나 과세기준일 현재 공시가격이 6억 원 이하인 주택을 말한다.

이때 사원에게 제공하는 전세금 또는 임대보증금(월세가 있는 경우 「부가가치세법 시행규칙」 제47조에 따른 1년 만기 정기예금의 이자율(2024년 3.5%)을 적용하여 1년으로 환산한 금액을 포함)이 주택 공시가격의 10% 이하일 것이어야 한다.

사용자가 개인인 경우에는 사택을 사용하는 종업원이 친족관계인 경우, 사용자가 법인인 경우에는 사택을 사용하는 종업원이 주주·출자자인 임원(소액주주는 제외한다)인 경우는 합산배제 대상에서 제외한다.

② 건축법상 기숙사

「건축법 시행령」 별표1 제2호 라목에서 규정하는 기숙사로서 학생 또는 종업원 등의 주거에 제공하고 있는 주택을 말한다. 건축법상 '기숙사'란 다음의 어느 하나에 해당하는 건축물로서 공간의 구성 등에 관하여 국토교통부 장관이 정하여 고시하는 기준(「기숙사 건축기준」)에 적합한 것을 말한다. 다만, 구분 소유된 개별 실(室)은 제외한다.

구분	요건
일반 기숙사	학교 또는 공장 등의 학생 또는 종업원 등을 위하여 사용하는 것으로서 해당 기숙사의 공동취사시설 이용 세대 수가 전체 세대 수(건축물의 일부를 기숙사로 사용하는 경우에는 기숙사로 사용하는 세대 수로 한다. 이하 같다)의 50% 이상인 것(「교육기본법」 제27조 제2항에 따른 학생복지주택을 포함한다)
임대형 기숙사	「공공주택 특별법」 제4조에 따른 공공주택사업자 또는 「민간임대주택에 관한 특별법」 제2조 제7호에 따른 임대사업자가 임대사업에 사용하는 것으로서 임대 목적에 제공하는 실이 20실 이상이고 해당 기숙사의 공동취사시설 이용 세대 수가 전체 세대 수의 50% 이상인 것

③ 주택신축판매업자의 미분양주택

과세기준일 현재 사업자등록을 한 다음 「주택법」에 의한 사업계획승인을 얻은 자(「건축법」에 의한 허가를 받은 자 포함)가 건축하여 소유하는 주택(「신탁법」에 따른 수탁자가 소유하는 주택을 포함한다)으로서 2005년 1월 1일 이후에 주택분 재산세 납세의무가 최초로 성립하는 날부터 5년이 경과하지 아니한 미분양주택.

이때 미분양주택에는 과세기준일 이전에 분양계약을 체결하고 과세기준일 현재 잔금청산 또는 소유권이전등기가 되지 아니한 주택이 포함된다(종합부동산세 집행기준 8-4-3).

④ 어린이집용 주택

세대원이 고유번호를 부여받은 후 과세기준일 현재 5년(의무운영기간) 이상 계속하여 어린이집으로 운영하는 주택

⑤ 시공자의 대물변제 미분양주택

주택의 시공자가 「주택법」에 의한 사업계획승인을 얻은 자(「건축법」에 의한 허가를 받은 자 포함. '시행사')로부터 해당 주택의 공사대금으로 받은 미분양주택(③에 따른 주택건설업자의 미분양주택에 해당하는 주택을 말함)으로서 주택분 재산세 납세의무가 최초로 성립하는 날부터 5년이 경과하지 아니한 주택

⑥ 정부출연연구기관의 연구원용 주택

「정부출연연구기관 등의 설립·운영 및 육성에 관한 법률」, 「과학기술분야 정부출연연구기관 등의 설립·운영 및 육성에 관한 법률」, 「한국국방연구원법」 및 「국방과학연구소법」에 따라 설립되거나 「특정연구기관육성법」의 적용을 받는 연구기관이 해당 연구기관의 연구원에게 제공하는 주택으로서 2008년 12월 31일 현재 보유하고 있는 사택

⑦ 등록문화유산주택

「근현대문화유산의 보존 및 활용에 관한 법률」에 따른 등록문화유산인 주택

⑧ 임대형 노인복지주택

「노인복지법」에 따른 노인복지주택을 설치한 자가 소유한 해당 노인복지주택

⑨ 향교소유 주택 부속토지

「향교재산법」에 따른 향교 또는 향교재단이 소유한 주택의 부속토지(주택의 건물과 부속토지의 소유자가 다른 경우의 그 부속토지)

⑩ 송·변전설비 매수청구 취득주택

「송·변전설비 주변지역의 보상 및 지원에 관한 법률」에 따른 주택매수의 청구에 따라 사업자가 취득하여 보유하는 주택

⑪ 세일앤리스백(QLB) 공공리츠주택

주택도시기금과 한국토지주택공사가 공동으로 출자하여 설립한 부동산투자회사 또는 한국자산관리공사가 출자하여 설립한 부동산투자회사가 매입하는 주택으로서 다음의 요건을 모두 갖춘 주택

가. 매입 시점에 거주자가 거주하고 있는 주택으로서 해당 주택 외에 거주자가 속한 세대가 보유하고 있는 주택이 없을 것
나. 해당 거주자에게 매입한 주택을 5년 이상 임대하고 임대기간 종료 후에 그 주택을 재매입할 수 있는 권리를 부여할 것
다. 매입 당시 해당 주택의 공시가격이 5억 원 이하일 것

⑫ **토지임대부 분양주택의 부속토지**

「주택법」에 따른 토지임대부 분양주택의 부속토지

⑬ **토지임대부 분양주택**

「주택법」에 따른 토지임대부 분양주택의 공공매입신청에 따라 한국
토지주택공사가 취득하여 보유하는 주택

⑭ **주택건설사업 목적 멸실예정주택**

다음 어느 하나의 자가 주택건설사업을 위하여 멸실시킬 목적으로
취득하여 취득일로부터 3년 이내 멸실시키는 주택

가. 「공공주택 특별법」에 따른 공공주택사업자
나. 「도시 및 주거환경정비법」에 따른 사업시행자
다. 「도시재생 활성화 및 지원에 관한 특별법」에 따라 지정된 혁신지구재생사업
    의 시행자
라. 「빈집 및 소규모주택 정비에 관한 특례법」에 따른 사업시행자
마. 「주택법」에 따른 주택조합 및 등록한 주택건설사업자(등록하지 않은 자를 포
    함한다)

⑮ **공공임대주택 부속토지**

「종합부동산세법 시행령」 제3조 제1항 제1호에 따른 합산배제 임대
주택에 해당하는 공공건설임대주택 또는 같은 항 제2호에 따라 합산
배제 임대주택에 해당하는 공공매입임대주택의 부속토지(주택의 건물과
부속토지의 소유자가 다른 경우의 그 부속토지를 말한다)

⑯ 공공사업자의 장기민간임대주택 부속토지

「종합부동산세법 시행령」 제3조 제1항 제7호 또는 제8호에 따른 합산배제 임대주택에 해당하는 장기일반민간임대주택 등의 부속토지(주택의 건물과 부속토지의 소유자가 다른 경우의 그 부속토지를 말한다)로서 그 소유자가 「공공주택 특별법」에 따른 공공주택사업자(공공주택사업자 또는 주택도시기금이 단독 또는 공동으로 직접 출자하여 설립하고 출자지분의 전부를 소유하고 있는 부동산투자회사를 포함)에 해당하는 부속토지

⑰ 전통사찰보존지 내 주택의 부속토지

「전통사찰의 보존 및 지원에 관한 법률」에 따른 전통사찰보존지 내 주택의 부속토지(주택의 건물과 부속토지의 소유자가 다른 경우의 그 부속토지를 말한다)로서 그 연간 사용료가 해당 부속토지 공시가격의 2% 이하인 부속토지

⑱ 지분적립형 분양주택

공공주택사업자가 소유하는 「공공주택 특별법」에 따른 지분적립형 분양주택(주택지분의 일부를 소유하는 경우에는 해당 지분을 말한다)

⑲ CR리츠 취득 지방 미분양주택

「부동산투자회사법」에 따른 기업구조조정 부동산투자회사가 2024년 3월 28일부터 2026년 12월 31일까지 직접 취득(2026년 12월 31일까지 매매계약을 체결하고 계약금을 납부한 경우를 포함한다)하는 주택으로서 다음의 요건을 모두 갖춘 준공 후 미분양 주택(「주택법」에 따른 사업주체가 공급하는 주택으로서 입주자 모집공고에 따른 입주자의 계약일이 지나 선착순의 방법으로 공급하는 주택을 말한다)

⑳ 주택매수청구로 공항시설관리자 등이 취득한 주택

「공항소음 방지 및 소음대책지역 지원에 관한 법률」 제15조의2에
따른 구분소유권의 매수청구에 따라 공항시설관리자 또는 공항개발사
업시행자가 취득하여 보유하는 주택

Q 07 주택건설사업자가 취득한 토지에 과세특례

● 주택건설사업자의 과세특례 제도

주택을 공급하기 위한 주택건설사업자가 취득하는 토지에 대해서는 종합부동산세 과세표준 합산에서 제외되어 사실상 종합부동산세 비과세와 같은 효과를 갖게 된다. 다만 사후관리가 있는 바 사후관리 요건에 위배되면 본세 추징 및 이자상당가산액의 제재를 받게 될 수 있다.

● 신고방법 및 신고기간

주택건설사업자가 과세기준일(6월 1일) 현재 보유하고 있는 주택신축용 토지에 대해 과세특례 적용(사후관리하는 비과세)을 받고자 할 경우 해당 연도 9월 16일부터 9월 30일 이내 기간에 「주택신축용 토지 합산배제 신고서」를 제출할 수 있다.

최초의 합산배제 신고를 한 연도의 다음 연도부터는 그 신고한 내용에 변동이 없는 경우에는 별도의 신고 없이 계속 적용된다.

○ 신고 대상

다음의 주택건설사업자 등이 주택을 건설하기 위하여 취득한 토지
(토지를 취득한 후 해당 연도 종합부동산세 과세기준일 전까지 주택건설사업자
의 지위를 얻은 자의 토지를 포함한다) 중 취득일로부터 5년 이내에 「주택
법」에 따른 사업계획의 승인을 받은 종합합산과세대상 토지가 신고대
상이 된다.

> 가. 주택건설사업자
> 나. 「주택법」에 따라 주택건설사업자 등록을 한 주택건설사업자
> 다. 「주택법」에 따른 주택조합 및 고용자인 사업주체
> 라. 「도시 및 주거환경정비법」 및 「빈집 및 소규모주택 정비에 관한 특례법」 규정
>   에 따른 사업시행자
> 마. 「조세특례제한법」에 따른 프로젝트금융투자회사

○ 합산배제 적용 시 혜택

종합합산 토지분 종합부동산세 과세표준에 합산의 대상이 되는 토
지의 범위에 포함하지 않는다(사후관리하는 비과세).

○ 사후관리

합산배제 신고한 토지를 취득한 날로부터 5년 이내에 「주택법」에 따
른 주택건설 사업계획의 승인을 받지 못한 경우 감면받은 종합부동산
세액과 이자상당가산액을 추징한다. 다만 천재지변, 법령에 따른 제

한 등 정당한 사유가 발생한 경우에는 그러하지 아니하다. 이때 주택건설사업의 수익성 악화 및 시공사 등의 법정관리 등 사업시행 주체들 간에 발생한 내부적인 요인으로 인하여 5년 내에 사업계획승인을 받지 못하였더라도 합산배제의 추징을 배제하는 정당한 사유에 해당하지 않는다(적부 2024-194, 2025.1.15.).

공동명의 1주택자 과세특례

⚫ 공동명의 1주택자 특례의 취지

원칙적으로 1세대 1주택자 종합부동산 특례는 세대원 1인의 단독명의를 원칙으로 하는 것이나, 부부 공동명의 1세대 1주택에 대한 종합부동산세를 완화하고자 2021년부터 공동명의 1주택자로 특례 신청에 의하여 1세대 1주택자 종합부동산 특례와 같이 세액 산정을 할 수 있도록 허용하였다.

다만, 현재는 1세대 1주택자의 공제금액이 12억 원인 반면, 인별 공제액이 9억 원으로 사실상 부부 공동명의 총 공제액이 18억 원이 되므로 실효성이 크게 높지 않다. 참고로 제도 도입 당시에는 1세대 1주택자의 공제금액은 9억 원이였으며, 인별 공제액은 6억 원이었다.

⚫ 신청방법 및 신청기간

공동명의 1주택자 특례를 신청하려는 때에는 「공동명의 1주택자 특례 (변경)신청서」를 작성하여 해당 연도 9월 16일부터 9월 30일까지 관할 세무서장에게 신청하여야 하며, 혼인관계증명서를 첨부해야 한다. 다만, 최초의 공동명의 1주택자 신청을 한 연도의 다음 연도부터는 그 신청한 내용 중 변동이 없는 경우에는 별도 신청없이 계속 적용된다.

● 신청대상

과세기준일 현재 「소득세법」 제1조의2 제1항 제1호에 따른 거주자인 부부가 1주택만을 공동으로 소유하고, 다른 세대원은 주택을 소유하지 않아야 한다.

납세의무자는 공동소유자 간 합의로 정한 사람(공동명의 1주택자)으로 신청한다. 한편 부부 공동명의 1주택의 납세의무자가 다른 주택의 부속토지를 소유한 경우에도 1세대 1주택자 특례 적용이 가능하다. 그러나 납세의무자가 아닌 배우자가 공동명의 1주택 외에 다른 주택의 부속토지를 소유한 경우에는 1세대 1주택자 특례 적용이 안 된다.

● 부부가 1주택 + 특례주택을 소유한 경우

부부 공동명의 1주택의 납세의무자가 특례 주택(일시적 2주택, 상속주택, 지방저가주택, 인구감소지역 주택, 준공 후 미분양주택)을 소유한 경우에 1세대 1주택자 특례 적용이 가능하다. 그러나 납세의무자가 아닌 배우자가 공동명의 1주택 외 특례주택을 소유한 경우에는 1세대 1주택자 특례 적용이 안 된다.

Case 04 공동명의(50:50) 1주택자 사례 (공시가격 18억 원 초과)

계산명세서				특례미적용		
구분	1세대 1주택	과세물건 수	1건	공동명의 1 (50%)	공동명의 2 (50%)	합계
1. 주택합산 공시가격				926,500,000	926,500,000	1,853,000,000
2. 공제금액				900,000,000	900,000,000	1,800,000,000
3. 공정시장가액비율				60%	60%	60%
4. 종합부동산세 과세표준((1-2)×3)				15,900,000	15,900,000	31,800,000
5. 세율				0.5%	0.5%	
누진공제				0	0	
6. 종합부동산세액				79,500	79,500	159,000
7. 공제할 재산세액				21,682	21,682	43,364
① 해당연도 재산세액				1,257,885	1,257,885	
② 과세표준 표준세율 재산세액				17,887	17,887	
③ 총표준세율 재산세액				1,037,700	1,037,700	
8. 산출세액(6-7)				57,818	57,818	115,636
9. 세액공제액(①+②)				0	0	0
① 고령자 공제				0	0	0
② 장기보유자 공제				0	0	0
10. 세액공제 후 산출세액(8-9)				57,818	57,818	115,636
11. 세부담상한 초과세액(①-②)				0	0	0
① 종합부동산세(10) + 재산세(7.①)				1,315,703	1,315,703	
② 세부담상한금액				1,761,750	1,761,750	
12. 종합부동산세 납부할 세액(10-11)				57,818	57,818	115,636
13. 농어촌특별세 납부할 세액(12×20%)				11,563	11,563	23,126
14. 총납부할 세액(12+13)				69,381	69,381	137,762

주택 공시가격이 18.53억 원(전년도 16.55억 원)이라면, 공동명의로 보유하는 것이 단독명의로 소유하는 것보다 종합부동산세가 적게 나올 수 있다. 공시가격 18.53억 원인 주택을 단독명의로 하는 경우 종부세가 약 180만 원(case03 참조)인 것과 비교하여 공동명의로 한 경우 14만 원으로 적게 과세된다.

공동명의 1주택자 특례가 도입될 당시와 인별 공제액이 크게 달라져 공동명의 1주택자 특례의 실효성보다 인별 공제를 적용하는 경우가 더 유리한 것인데, 상황별로 1주택자 세액공제가 크다면 공동명의 1주택자 특례를 검토해 볼 수 있다.

1) 재산세 과세표준

Min[해당연도 시가표준, 과세표준상한액] = 786,442,500

해당연도 시가표준 = 1,853,000,000 × 45% = **833,850,000**

과세표준 상한액 = (1,655,000,000 × 45%) + (1,853,000,000 × 45% × 5%)

= **786,442,500**

※재산세 **과세표준 상한액** = (전년도 시가표준 × 45%) + (해당연도 시가표준 × 45% × 5%)

2) 재산세액 산출내역

1. 과세표준	786,442,500
2. 세율	0.4%
누진공제	630,000
3. 재산세(①, ② 중 적은 금액)	2,515,770
① 재산세 산출세액(1×2)	2,515,770
② 재산세 세부담상한금액	3,053,700
4. 도시지역분(①, ② 중 적은 금액)	1,101,019
① 도시지역분 산출세액(1×0.14%)	1,101,019
② 도시지역분 세부담상한금액	1,355,445
5. 지방교육세(3×20%)	503,154
6. 총납부할 세액(3+4+5), 전체기준	4,119,943
7. 재산세(보유지분기준 50%)	1,257,885
8. 도시지역분(보유지분기준 50%)	550,509
9. 지방교육세(보유지분기준 50%)	251,577
10. 총납부할 세액(7+8+9), 보유지분기준 50%	2,059,971

3) 공제할 재산세액 계산

① 해당연도 재산세액 = 1,257,885

② 과세표준 표준세율 재산세액 = (926,500,000 − 900,000,000) × 60% × 45% × 0.4%

= 17,887

※ 과세표준 표준세율 재산세액 = 과세표준 표준세율 재산세액 = 주택합산 공시가격 − 9억 원(1세대 1주택 12억 원) × 종합부동산세 공정시장가액비율 × 재산세 공정시장가액비율 × 표준세율(0.4%)

※ 세율만 곱하고, 누진공제액은 빼지 않음에 주의하여야 한다.

③ 총표준세율 재산세액 = 926,500,000 × 45% × 0.4% − 630,000 = 1,037,700

※ 주택합산 공시가격 × 재산세 공정시장가액비율 × 세율 − 누진공제액

☞ 공제할 재산세액 = ① × $\dfrac{②}{③}$ = 21,682

1세대 1주택자 판단 시 주택 수 산정제외 특례

● (1세대 1주택) 주택 수 산정제외 특례의 취지

당초 1세대 1주택자가 상속 등 부득이한 사정으로 2주택이 되는 경우 발생하는 과중한 종합부동산세 부담을 적정화하고자 도입되었다. 보유 주택 전체를 기준으로 종합부동산세를 산정하는 것이나, 공제액과 고령자 등 세액공제 시 1세대 1주택으로 보아 적용한다.

● 신청방법 및 신청기간

1세대 1주택자의 적용을 신청하려는 납세의무자는 해당 연도 9월 16일부터 9월 30일까지 1세대 「1주택자 판단 시 주택 수 산정 제외 신청서」를 관할 세무서장에게 제출해야 한다.

최초로 제출한 연도의 다음 연도부터는 그 제출 사항에 변동이 없으면 별도의 신청 없이 계속 적용한다.

 과세기준일(6월 1일) 현재 「소득세법」 제1조의2 제1항 제1호에 따른 거주자가 1주택과 아래 어느 하나의 주택(이하 '특례주택')만을 함께 소유하고 있는 경우에는 1세대 1주택자로 본다. 이 경우 다른 세대원은 주택을 소유하지 않아야 한다.

① 신규주택(일시적 2주택)

 1세대 1주택자가 1주택을 양도하기 전에 다른 주택('신규주택')을 대체 취득하여 일시적으로 2주택이 된 경우로서 과세기준일(6월 1일) 현재 신규주택을 취득한 날부터 3년이 경과하지 않은 경우

② 상속주택

 상속을 원인으로 취득한 주택(「소득세법」 제88조 제9호에 따른 조합원입주권 또는 같은 조 제10호에 따른 분양권을 상속받아 사업시행 완료 후 취득한 신축주택을 포함)으로서 다음에 해당하는 경우

가. 과세기준일 현재 상속개시일부터 5년이 경과하지 않은 주택
나. 지분율이 100분의 40 이하인 주택
다. 지분율에 상당하는 공시가격이 6억 원(수도권 밖의 지역에 소재하는 주택의 경우에는 3억 원) 이하인 주택

③ 지방 저가주택

공시가격이 4억 원 이하인 주택 중 아래 지역에 소재한 1주택

구분1	구분2	지방 저가주택 소재지
수도권 밖	광역시·세종시	읍·면 지역
	광역시·세종시 밖	모든 지역
수도권	–	경기 연천, 인천 강화·옹진군

④ 인구감소지역 주택 또는 비수도권 인구감소관심지역 주택

1세대 1주택자가 2024년부터 2026년 12월 31일까지의 기간 중에 취득일 및 과세기준일 현재 공시가격이 4억 원(비수도권 9억 원) 이하인 다음의 인구감소지역과 비수도권 인구감소관심지역의 1주택을 취득하는 경우. 다만 인구감소지역(비수도권 인구감소관심지역을 포함한다) 주택 취득 전에 보유한 1주택이 동일한 시·군·구에 소재하는 경우는 제외한다.

구분1	구분2	인구감소지역 주택 소재지
수도권 밖	광역시	읍·면 지역 중 인구감소지역
	광역시 밖	인구감소지역
수도권	–	「접경지역 지원 특별법」 제2조 제1호에 따른 접경지역 중 인구감소지역

⑤ 준공 후 미분양주택

아래 요건을 모두 충족하는 준공 후 미분양주택인 경우

가. 1세대 1주택자가 해당 1주택을 보유한 상태에서 2024년 1월 10일부터 2026년 12월 31일까지 취득한 주택일 것
나. 전용면적이 85제곱미터 이하일 것
다. 취득가액이 7억 원 이하일 것
라. 수도권 밖의 지역에 소재할 것

마. 양도자가 다음 중 어느 하나에 해당할 것
  • 「주택법」 제54조 제1항 각 호 외의 부분 전단에 따른 사업주체
  • 「건축물의 분양에 관한 법률」 제2조 제3호에 따른 분양사업자
  • 사업주체 또는 분양사업자로부터 주택의 공사대금으로 해당 주택을 받은 시공자
바. 양수자가 해당 주택에 대한 매매계약(주택공급계약 및 분양계약을 포함한다)을 최초로 체결한 자일 것
사. 양도자와 양수자가 해당 주택에 대한 매매계약을 체결하기 전에 다른 자가 해당 주택에 입주한 사실이 없을 것
아. 입주자 모집공고에 따른 입주자의 계약일 또는 분양 광고에 따른 입주예정일까지 분양계약이 체결되지 않아 선착순의 방법으로 공급하는 주택(준공 후 미분양주택)일 것
자. 해당 주택의 소재지를 관할하는 시장·군수·구청장으로부터 해당 주택이 준공 후 미분양주택이라는 확인을 받은 주택일 것

● 부부가 1주택 + 특례주택을 소유한 경우

부부 공동명의 1주택의 납세의무자가 특례주택(일시적 2주택, 상속주택, 지방저가주택, 인구감소지역 주택, 준공 후 미분양주택)을 소유한 경우에 1세대 1주택자 특례 적용이 가능하다. 그러나 납세의무자가 아닌 배우자가 공동명의 1주택 외 특례주택을 소유한 경우에는 1세대 1주택자 특례 적용이 안 된다.

● 특례 적용 시 혜택

① 1세대 1주택자 기본공제 적용

과세표준 계산 시 과세대상 주택(특례주택 포함)의 공시가격을 합산한

금액에서 12억 원을 공제한다(미신청 시에는 9억 원을 공제).

② 세액공제 적용

종합부동산세 산출세액 중 특례주택을 제외한 1주택이 차지하는 부분에 대해 연령 및 보유기간에 따른 세액공제를 적용한다. 단, 연령별·보유기간별 공제율을 합하여 최대 80%까지 적용한다.

구 분	신청 시	미신청 시
기본공제	12억 원	9억 원
세액공제	최대 80%	×

● 사후관리

일시적 2주택으로 1세대 1주택자로 본 납세의무자가 추후 종전주택을 신규주택 취득일부터 3년 이내에 양도하지 않는 경우 등 사후요건을 충족하지 아니하게 된 경우 경감받은 세액을 추징한다.

세율 적용 주택 수 산정제외 특례

● (세율 적용) 주택 수 산정제외 특례의 취지

주택분 종합부동산세는 보유주택 수에 따라 적용 세율이 달라진다. 개인 납세의무자가 2주택 이하인 경우에는 0.5%에서 2.7%까지 7단계 초과누진세율을 적용받고 3주택 이상을 소유한 경우에는 0.5%에서 5%까지 7단계 초과누진세율을 적용받는다. 이에 따라 상속 등 부득이한 사정으로 다주택이 되는 경우 발생하는 과중한 종합부동산세를 경감하고자 세율 적용 시 주택 수 산정제외 특례를 마련하였다.

● 신청방법 및 신청기간

세율 적용 시 주택 수 산정 제외 특례를 신청하려는 납세의무자는 해당 연도 합산배제 신고기간(9월 16일부터 9월 30일)에 「세율 적용 시 주택 수 산정 제외 신청서」를 관할 세무서장에게 제출해야 한다.

최초로 제출한 연도의 다음 연도부터는 그 제출 사항에 변동이 없으면 별도의 신청 없이 계속 적용한다. 상속주택에 대해 1세대 1주택자 판단 시 주택 수 산정 제외 특례 신청서를 제출한 경우에는 세율 적용 시 주택 수 산정 제외 특례 신청서를 제출하지 않아도 된다.

○ 신청대상

과세기준일 현재 납세의무자가 소유한 주택 중 아래 ①~⑥의 주택
(이하 '특례주택')은 세율 적용 시 주택 수에 포함하지 않는다.

① 상속주택

상속을 원인으로 취득한 주택(「소득세법」 제88조 제9호에 따른 조합원입
주권 또는 같은 조 제10호에 따른 분양권을 상속받아 사업시행 완료 후 취득한
신축주택을 포함)으로서 다음에 해당하는 경우

가. 과세기준일 현재 상속개시일부터 5년이 경과하지 않은 주택
나. 지분율이 100분의 40 이하인 주택
다. 지분율에 상당하는 공시가격이 6억 원(수도권 밖의 지역에 소재하는 주택의 경
우에는 3억 원) 이하인 주택

② 무허가주택의 부속토지

토지의 소유권 또는 지상권 등 토지를 사용할 수 있는 권원이 없는
자가 「건축법」 등 관계 법령에 따른 허가 등을 받지 않거나 신고를 하
지 않고 건축하여 사용 중인 주택(주택을 건축한 자와 사용 중인 자가 다른
주택을 포함한다)의 부속토지

③ 소형 신축주택

아래 요건을 모두 충족하는 소형 신축주택

④ 준공 후 미분양주택

아래 요건을 모두 충족하는 준공 후 미분양주택인 경우

사. 양도자와 양수자가 해당 주택에 대한 매매계약을 체결하기 전에 다른 자가
    해당 주택에 입주한 사실이 없을 것
아. 입주자 모집공고에 따른 입주자의 계약일 또는 분양 광고에 따른 입주예정
    일까지 분양계약이 체결되지 않아 선착순의 방법으로 공급하는 주택(준공 후
    미분양주택)일 것
자. 해당 주택의 소재지를 관할하는 시장·군수·구청장으로부터 해당 주택이 준
    공 후 미분양주택이라는 확인을 받은 주택일 것

〈준공 후 미분양주택의 확인 절차〉
❶ 양도자는 해당 주택의 소재지를 관할하는 시장·군수·구청장에게 해당 주택
   이 준공 후 미분양주택인지 여부를 확인해 줄 것을 요청할 것
❷ ❶에 따라 요청받은 시장·군수·구청장은 해당 주택이 준공 후 미분양주택임
   을 확인한 경우에는 해당 주택의 매매계약서에 별지 제25호 서식에 따른 준
   공 후 미분양주택 확인 날인을 하여 양도자에게 내주고, 그 확인내용을 종합
   부동산세법 시행규칙 별지 제26호 서식에 따른 준공 후 미분양주택 확인 대
   장에 기재하여 매매계약서 사본과 함께 보관할 것
❸ 양도자는 ❷에 따라 준공 후 미분양주택 확인 날인을 받은 매매계약서를 양
   수자에게 내줄 것
❹ 시장·군수·구청장은 종합부동산세법 시행규칙 별지 제26호 서식에 따른 준
   공 후 미분양주택 확인 대장 및 매매계약서 사본을 해당 주택의 소재지를 관
   할하는 세무서장에게 제출할 것

⑤ 인구감소지역 소재 주택

2026년 1월 1일 이후 취득하는 주택으로서 다음의 요건을 모두 갖
춘 인구감소지역 소재 주택인 경우

가. 취득 당시 인구감소지역에 소재할 것. 다만, 접경지역이 아닌 수도권 또는
   광역시(광역시에 있는 군은 제외)에 소재하는 주택은 제외한다.

나. 해당 주택 취득 전에 보유한 주택(해당 주택 취득 전에 조합원 입주권 또는 분양권을 보유한 경우에는 해당 조합원 입주권 또는 분양권을 통해 공급하는 주택을 말한다)과 동일한 시·군·구에 소재하는 주택이 아닐 것

다. 주택 및 이에 딸린 토지의 기준시가의 합계액이 해당 주택 취득일 현재 4억원(수도권 밖의 인구감소지역인 경우 9억원) 이하이고, 과세기준일 현재 공시가격이 4억원(수도권 밖의 인구감소지역인 경우 9억원) 이하일 것

⑥ 인구감소관심지역 소재 주택

2026년 1월 1일 이후 취득하는 주택으로서 다음의 요건을 모두 갖춘 인구감소관심지역 소재 주택인 경우

가. 취득 당시 수도권 밖의 지역으로서 인구감소관심지역에 소재할 것. 다만, 광역시(광역시에 있는 군은 제외)에 소재하는 주택은 제외한다.

나. 해당 주택 취득 전에 보유한 주택(해당 주택 취득 전에 조합원 입주권 또는 분양권을 보유한 경우에는 해당 조합원 입주권 또는 분양권을 통해 공급하는 주택을 말한다)과 동일한 시·군·구에 소재하는 주택이 아닐 것

다. 주택 및 이에 딸린 토지의 기준시가의 합계액이 해당 주택 취득일 현재 4억원 이하이고, 과세기준일 현재 공시가격이 4억 원 이하일 것

⬤ 특례 적용 시 혜택

3주택 이상을 소유한 자가 소유한 주택 중 특례주택의 수를 제외한 후 남은 주택의 수가 2 이하인 경우에는 중과세율이 아닌 기본세율을 적용한다.

법인의 일반 누진세율 특례

● 법인 보유 주택분 종합부동산세 일반세율 특례의 취지

법인이 보유한 주택은 종합부동산세 계산 시 단일세율(2.7%, 5%)이 적용되고, 기본공제 및 세부담 상한 적용 배제된다. 그러나 공익법인, 공공주택사업자 등 일정한 법인은 특례 신청 시 주택분 종합부동산세 기본공제, 일반 누진세율, 세부담 상한을 적용받을 수 있다.

구분	기본공제	세부담 상한율	적용세율	
			2주택 이하	3주택 이상
특례 신청 전	0원	무제한	2.7%(단일)	5.0%(단일)
특례 신청 후	9억 원	직전년도 대비 150%	0.5 ~ 2.7%(누진)	

이때 공익법인 등은 직접 공익목적사업에 사용하지 않는 주택이 1채라도 있는 경우 최고 5%까지 중과누진세율이 적용될 수 있다.

● 신고방법 및 신고기간

법인 또는 법인으로 보는 단체는 합산배제 신고기간(9월 16부터 9월

30일)에 「법인 주택분 종합부동산세 일반 누진세율 적용 신고서」를 관할 세무서장에게 제출해야 하며, 증빙서류를 첨부해야 한다.

다만, 최초로 제출한 연도의 다음 연도부터는 그 제출 사항에 변동이 없으면 별도 신고 없이 계속 적용된다.

● 신청대상 및 특례 적용 시 혜택

아래 어느 하나에 해당하는 법인 또는 법인으로 보는 단체는 단일세율이 아니라 일반 누진세율을 적용한다.

적용 대상	적용할 누진세율
「상속세 및 증여세법」 제16조에 따른 공익법인 등으로서 아래에 해당하지 아니하는 경우	2주택 이하 : 기본세율 3주택 이상 : 중과세율
• 「상속세 및 증여세법」 제16조에 따른 공익법인 등으로 서 직접 공익목적에 사용하는 주택만을 보유한 경우 • 「공공주택 특별법」 제4조 제1항 각호에 따른 공공주택 사업자 • 「주택법」 제2조 제11호의 주택조합 • 정비사업시행자 • 민간건설임대사업자 • 도시개발사업시행자 • 사회적기업 등 • 종중(宗中)	주택 수와 관계없이 기본세율

정비사업시행자란 「도시 및 주거환경정비법」 제24조부터 제28조까지 및 「빈집 및 소규모주택 정비에 관한 특례법」 제17조부터 제19조까지의 규정에 따른 사업시행자를 말한다.

민간건설임대사업자 「민간임대주택에 관한 특별법」 제2조 제2호의 민간건설임대주택을 2호 이상 보유하고 있는 임대사업자로서 해당 민간건설임대주택과 재산세 비과세 주택, 공공임대주택, 합산배제 사원용주택 등에 해당하는 주택만을 보유한 경우를 말한다.

도시개발사업시행자란 「도시개발법」 제21조의3 제1항에 따라 임대주택을 건설·공급해야 하는 사업시행자나 「도시재정비 촉진을 위한 특별법」 제30조 제4항 또는 제31조에 따라 임대주택을 건설·공급해야 하는 사업시행자로서 「민간임대주택에 관한 특별법」 제2조 제2호의 민간건설임대주택 2호 이상과 재산세 비과세 주택, 공공임대주택, 합산배제 사원용 주택 등에 해당하는 주택만을 보유한 경우를 말한다.

사회적기업 등이란 「사회적기업 육성법」에 따른 사회적기업 및 「협동조합 기본법」에 따른 사회적협동조합으로서 정관 또는 규약상의 설립 목적이 구성원의 주택 공동 사용에 있거나 「사회적기업 육성법」에 따른 취약계층이나 「주거기본법」 제3조 제2호에 따른 주거지원이 필요한 계층에 대한 주거지원에 있고, 설립 목적에 사용되는 주택만을 보유한 경우를 말한다.

향교 및 종교단체 과세특례

● 개별 향교와 개별 종교단체 특례의 취지

개별 향교 또는 개별 종교단체는 사실상 개별단체 소유의 부동산을 보유하고 있는 것이지만, 소유 형식상 향교재단 또는 종교단체 소유로 하여 재산관리를 하는 바, 인별 합산과세를 채택하고 있는 현행 종합부동산세 구조상 높은 세부담에 직면할 수 있다. 이에 조세특례제한법에서 개별 향교와 개별 종교단체의 종합부동산세 과세특례 규정을 두고 있다.

● 신고방법 및 신고기간

개별 향교와 개별 종교단체는 「향교 및 종교단체 종합부동산세 과세특례 신고서」를 9월 16일부터 9월 30일 이내에 제출하여야 한다.

구 분	제출할 서류(매년 제출)
향교재단·종교단체	종합부동산세 과세특례신고서 「향교재단·종교단체용」, 개별단체 보유물건 현황명세서
개별향교·개별종교단체	종합부동산세 과세특례신고서 「개별단체용」

과세특례 신고서와 함께 민법 제45조 제3항에 따른 주무관청의 정관 변경허가서, 향교재단 등의 정관 및 이사회 회의록, 기타 사실상 소유자를 입증할 수 있는 서류를 첨부해야 한다.

최초의 과세특례 신고를 한 다음 연도부터 대상주택 또는 대상토지의 소유관계에 변동이 없는 경우 과세특례신고서를 제외한 사실상의 소유자가 개별단체임을 입증할 수 있는 서류는 제출하지 아니할 수 있다(과세특례 신고서는 매년 제출).

● 신고대상 및 특례 적용 효과

과세기준일(6월 1일) 현재 개별향교 또는 개별종교단체가 소유한 주택 또는 토지 중 향교재산 또는 종교단체 명의로 조세포탈을 목적으로 하지 아니하고 등기한 주택 또는 토지("대상주택" 또는 "대상토지"라 함)의 실제 소유자인 개별향교 또는 개별종교단체를 납세의무자로 보아 종합부동산세를 신고할 수 있다.

이 경우 향교재단 또는 종교단체는 대상주택 또는 대상토지를 소유하지 아니한 것으로 보아 종합부동산세를 신고하여야 하며, 대상주택 또는 대상토지의 공시가격을 한도로 개별향교 또는 개별종교단체와 종합부동산세를 연대하여 납부할 의무가 있다.

Q13 각종 신고·신청을 통한 종합부동산세 절세

종합부동산세는 납세자가 소유한 부동산의 종류(특히 주택)와 용도, 그리고 공시가액에 따라 세부담이 크게 달라진다. 따라서 합법적으로 절세된 세금을 납부하기 위해서는 납세자가 직접 부동산의 종류와 용도를 파악해 합산배제 신고 또는 과세특례 신청해야 한다. 아래에 설명된 사례들은 종합부동산세 부담을 줄일 수 있는 대표적인 신고·신청 항목들이다.

● 임대주택 합산배제 신고

주택분 종합부동산세는 인별 보유 주택의 공시가격을 모두 합산하여 세액을 계산한다. 하지만 특정 요건을 충족하는 임대주택은 합산 대상에서 제외하여 종합부동산세 부담을 줄일 수 있다. 과세기준일 현재 요건을 갖추어 매년 9월 16일부터 9월 30일 사이에 신고하여야 한다.

● 사원용 주택 등 합산배제 신고

주택분 종합부동산세는 인별 보유 주택의 공시가격을 모두 합산하여 세액을 계산한다. 하지만 특정 요건을 충족하는 사원용 주택 등은 합산 대상에서 제외하여 종합부동산세 부담을 줄일 수 있다. 요건에 부합하는 경우 매년 9월 16일부터 9월 30일 사이에 신고하여야 한다.

대표적 합산배제 유형	합산배제 조건
사원용 주택	공시가격 6억 원↓ 또는 85㎡↓, 임대보증금이 주택 공시가격 10% 이하 등
멸실예정주택	주택건설을 위해 취득일부터 3년 이내에 멸실시키는 주택
주택신축용 토지	주택건설을 위하여 취득일로부터 5년 이내 사업계획승인을 받을 토지

◉ 1세대 1주택자 판단 시 주택 수 산정 제외 특례 신청

　다음의 종합부동산세 과세특례에 해당되어 잔여 주택이 1세대 1주택자이면 1세대 1주택자 계산방식이 적용된다. 즉, 아래 주택의 공시가를 합산한 가액에서 기본공제 12억 원을 적용하고 1세대 1주택에 대해 세액공제(고령자, 장기보유)를 적용받을 수 있다. 요건에 부합하는 경우 매년 9월 16일부터 9월 30일 사이에 신고하여야 한다.

유형	과세특례 조건
일시적 2주택	1세대 1주택자가 기존 주택 양도 전 신규주택을 취득한 경우(신규주택 취득일로부터 3년 이내 기존주택 양도 조건)
상속주택	과세기준일(6.1.) 현재 ① 상속개시일로부터 5년 미경과 ② 상속지분이 전체 주택지분의 40% 이하 ③ 상속지분 공시가격이 6억 원 이하(수도권 밖은 3억 원 이하)에 해당하는 상속주택
지방 저가주택	공시가격 4억 원 이하, 수도권 밖이면서 광역시·특별자치시가 아닌 지역 소재하는 지방 저가주택
인구감소(관심)지역주택	1세대 1주택 외에 인구감소(관심)지역의 1주택
준공 후 미분양주택	지방에 소재하는 일정 요건을 갖춘 준공 후 미분양주택

○ 부부 공동명의 1주택자 과세특례 신청

1세대 1주택을 부부가 공동으로 소유한 경우 종합부동산세 계산에 있어 단독명의 1주택자와 동일하게 1세대 1주택의 세액공제 등을 적용받을 수 있도록 신청하는 제도이다. 이 제도를 활용하면 부부 각자에게 기본공제 9억 원을 적용받는 것보다 종합부동산세 부담이 줄어들 경우도 있을 수 있다. 1세대 1주택자는 고령자와 장기보유에 따른 세액공제를 받을 수 있기 때문이다. 만약 절세가 된다면 매년 9월 16일부터 9월 30일 사이에 신청하여야 한다.

○ 세율 적용 시 주택 수 산정 특례 신청

주택분 종합부동산세 세율은 주택 수에 따라 차등 적용되는데 1세대 1주택자 판단 시 주택 수 산정에서 제외되는 주택은 세율 적용 시에도 주택 수에서 차감되며 그 외 무허가주택의 부속토지, 소형 신축주택도 특례 신청 시 해당 주택은 세율 적용을 위한 주택 수 계산에서 제외된다. 요건에 부합하는 경우 매년 9월 16일부터 9월 30일 사이에 신청하여야 한다.

○ 법인의 일반세율 적용 신청

공익법인, 공공주택사업자 등 일정한 법인은 일반세율 적용 특례 신청 시 주택분 종합부동산세 기본공제, 일반 누진세율, 세부담 상한을 적용받을 수 있다. 요건에 부합하는 경우 매년 9월 16일부터 9월 30일 사이에 신청하여야 한다.

● 신고 및 신청을 누락한 경우 구제방법

종합부동산세의 합산배제 신고 및 과세특례 신청은 9월 16일부터 9월 30일인 바 이는 종합부동산세 부과가 12월 1일부터 12월 15일까지를 납부기한으로 이뤄지는 것을 감안한 것이다. 다만, 납세의무자는 12월 1일부터 12월 15일 사이에 자진신고도 가능하기 때문에 합산배제 신고 및 과세특례 신청을 사후 신청하고 신고·납부하는 방식을 취할 수 있다. 더 나아가 제때 합산배제 신고 또는 과세특례 신청하지 못한 경우라 할지라도 요건에 부합하는 경우에는 일반적인 경정청구도 가능하다 할 것이다.

제3장

종합부동산세 절세 방법

종합부동산세 구조를 알아야 전략이 보인다

　재산세 과세대상 중 주택과 토지, 특히 토지 중에는 종합합산과세대상과 별도합산과세대상만이 종합부동산세 과세대상이 된다. 즉 재산세 비과세, 분리과세는 종합부동산세 과세대상이 아니며 주택(부속토지 포함) 외 건물은 그 자체로 종합부동산세 과세대상은 아니다. 다만, 건축물의 부속토지로 재산세 별도합산과세대상이 되거나 부속토지 초과분으로 재산세 종합합산과세대상이 될 때 그 토지는 종합부동산세 과세대상이 된다.

　재산세 과세내역에 따른 종합부동산세 과세방식은 아래와 같다.

구분			재산세	종합부동산세		
			세율	여부	공제액	세율
주택			0.1~0.4%	과세	9억 원, 12억 원 (법인 0)	2주택 이하 : ~ 2.7% 3주택 이상 : ~ 5.0%
건물	상가, 사무실, 빌딩		0.25%		N/A	
토지	종합합산	나대지, 잡종지	0.2~0.5%	과세	5억 원	1~3%(45억 원)
	별도합산	착공한 건축물 부속토지 멸실된 건축물 부속토지	0.2~0.4%	과세	80억 원	0.5~0.7%(400억 원)
	분리과세	주택건설사업자의 토지 지식산업센터 부속토지	0.07%		N/A	
		전, 답, 과수원, 목장용지	0.07%			
		골프장용 토지	4.00%			

주택의 경우에는 합산배제 임대주택에서 살펴본 바와 같이 과세기준일 현재 합산배제 임대주택으로 등록하여 종합부동산세를 피할 수 있을지 검토하는 것과 1세대 1주택자 판단 시 주택 수 산정 제외 특례가 되는지 검토할 수 있다. 한편 경우에 따라 주택을 상가로 용도변경하는 것도 검토할 수 있다.

토지의 경우 비과세·감면, 재산세 분리과세에 해당되는지 검토하는 것이 매우 유리하다. 또한 종합합산과세대상을 별도합산과세대상으로 전환하는 방안을 검토하는 것도 매우 유용하다. 토지의 용도에 따라 재산세가 부과되기 때문에 과세기준일 전 용도에 부합하도록 토지를 활용하는 방안을 검토할 수 있다.

TIP8 오피스텔이나 입주권, 분양권도 종합부동산세 대상인지?

구분	오피스텔	입주권	분양권
주택 수 포함 여부	주거용 오피스텔은 주택 수에 포함될 수 있음	멸실 이후에는 주택 수에 포함되지 않음	주택 수에 포함되지 않음
재산세 과세 여부	오피스텔은 주택분 재산세 과세대상이 될 수 있다	주택분 과세대상 아님 (토지분 과세대상)	과세대상 아님
종합부동산세 과세 여부	재산세가 주택으로 과세된 경우 종합부동산세 과세대상이 됨	주택분 과세대상 아님 (토지분 과세대상)	과세대상 아님
특이사항	임대주택으로 등록하거나 합산배제 신고 시 종합부동산세 과세 제외 가능	입주권은 실물 부동산이 아니므로 과세 제외. 다만 토지분은 과세대상	분양권도 실물 부동산이 아니므로 과세 제외

재산세는 모든 부동산에 대해 부과되는 반면에 종합부동산세는 주택과 일부 토지에 대하여만 부과되고, 오피스텔은 업무용 시설에 해당하여 일반적으로 건축물과 토지에 대하여 각각 재산세가 부과되며, 종합부동산세는 재산세와 달리 국세청에서 부과하는 세금이고 기본적으로 재산세 부과내역을 바탕으로 산정한다. 주택분 재산세가 부과된 오피스텔의 경우 주택에 대한 종합부동산세가 부과되고, 주택분 재산세가 부과되지 않은 오피스텔은 토지에 대한 종합부동산세가 부과된다.

주거용 오피스텔에 대하여 주택임대사업자 등록을 한 주택이거나 오피스텔 소유자가 재산세 과세대상 변동 신고(지방세법 제120조)를 한 경우에는 주택분 재산세가 과세되며, 이 경우 주택분 종합부동산세가 과세된다.

● 오피스텔의 합산배제 임대주택

2012.01.26. 임대주택법 제2조를 개정하면서 업무시설인 오피스텔을 임대주택에 포함시킴에 따라 오피스텔 중 전용면적 85㎡(2022.01.13. 이후는 120㎡) 이하인 주거용 오피스텔은 준주택으로 분류돼 주택임대사업자로 등록할 수 있다.

한편 2018.09.13. 이전은 조정대상지역 내에 소재하고 있는 주택을 취득해 장기임대주택으로 등록하면 종합부동산세 합산배제를 적용받을 수 있던 것을 2018.09.14. 이후 조정대상지역 내 소재하고 있는 주택을 취득해 장기임대주택으로 등록하여도 종합부동산세 합산배제 혜택을 받을 수 없다.

재산세 이의신청을 통한 종합부동산세 절세

● 재산세 과세유형 이의신청

종합부동산세는 재산세 과세유형에 직접적인 영향을 받는다. 재산세가 비과세 되는 경우 및 재산세가 분리과세 되는 경우 종합부동산세가 과세되지 않으며, 재산세가 별도합산으로 과세되는 경우 종합부동산세도 별도합산으로 과세되어 종합부동산세 부담이 없거나 매우 작게 된다.

구분			재산세	종합부동산세		
			세율	여부	공제액	세율
주택			0.1~0.4% (3억 원)	과세	9억 원 / 12억 원 (법인은 0)	~2.7%(2주택 이하) ~5.0%(3주택 이상)
건물	상가, 사무실, 빌딩		0.25%	N/A		
토지	종합 합산	나대지, 잡종지	0.2~0.5% (1억 원)	과세	5억 원	1~3% (45억 원)
	별도 합산	착공한 건축물 부속토지 멸실된 건축물 부속토지	0.2~0.4% (10억 원)	과세	80억 원	0.5~0.7% (400억 원)
	분리 과세	주택건설사업자의 토지 지식산업센터 부속토지	0.07%	N/A		
		전, 답, 과수원, 목장용지	0.07%			
		골프장용 토지	4.00%			

재산세는 과세기준일(6월 1일) 현재를 기준으로 판단한다. 따라서 6월 1일 현재 나대지라면 종합합산으로 과세(1억 원 초과 시 0.5%)되고, 건축물부속토지라면 별도합산(10억 원 초과하는 경우 0.4%)로 과세된다.

재산세의 차이는 0.1%로 크지 않으나, 재산세는 이후 종합부동산세가 따라오므로 5억 원을 초과하면 1~3%의 세율이 과세되고, 별도합산인 경우 80억 원을 초과하면 0.5~0.7%로 과세된다. 따라서 종합부동산세 차이는 매우 크다고 할 수 있다.

예를 들어 기존 건축물 멸실 이후 6개월 내 과세기준일이 도래한 경우 나대지(종합합산)라도 별도합산으로 재산세가 과세된다. 다만 관할 구청은 멸실 이후 6개월 내라도 과세기준일에 이용현황을 기준으로 재산세를 과세한다.

따라서 토지의 이용현황을 건축물 멸실 후 신규 건축물을 짓기 위한 용도에 공하는 것이 중요하며, 일시우발적인 사건으로 종합합산 재산세가 부과되면 재산세 고지일부터 90일 이내 합리적인 사유를 밝혀 이의신청하여야 한다.

재산세를 다투는 기간 내에 12월 15일 종합부동산세도 종합합산으로 부과고지(또는 신고·납부)될 것인데, 만약 재산세 이의신청이 인용되면 종합부동산세도 경정청구하여 환급받을 수 있다.

● 재산세가 비과세 되는 경우

지방세법 제109조에서 아래의 경우 재산세 비과세로 정하고 있다. 재산세가 비과세로 정하고 있는 경우 종합부동산세도 과세되지 않아야 한다. 따라서 재산세 과세내역에서 비과세로 판단되는 부분에 대하여 재산세가 부과된 경우 90일 내에 이의신청하여 재산세 과세유형을 변경하여야 한다.

① 국가·지방자치단체 등 소유재산

국가, 지방자치단체, 지방자치단체조합, 외국정부 및 주한국제기구의 소유에 속하는 재산에 대하여는 재산세를 부과하지 아니한다.

② 국가, 지방자치단체 등이 1년 이상 공용 또는 공공용으로 사용하는 경우

국가, 지방자치단체 또는 지방자치단체조합이 1년 이상 공용 또는 공공용으로 사용(1년 이상 사용할 것이 계약서 등에 의하여 입증되는 경우를 포함한다)하는 재산에 대하여는 재산세를 부과하지 아니한다. 다만, 다음의 어느 하나에 해당하는 경우에는 재산세를 부과한다.

가. 유료로 사용하는 경우
나. 소유권의 유상이전을 약정한 경우로서 그 재산을 취득하기 전에 미리 사용하는 경우

③ 기타 재산세 비과세

다음에 따른 재산에 대하여는 재산세를 부과하지 아니한다. 다만, 수익사업에 사용하는 경우와 해당 재산이 유료로 사용되는 경우의 그 재산(다목 및 마목의 재산은 제외한다) 및 해당 재산의 일부가 그 목적에 직접 사용되지 아니하는 경우의 그 일부 재산에 대하여는 재산세를 부과한다.

> 가. 법정한 도로·하천·제방·구거·유지 및 묘지
> 나. 「산림보호법」 제7조에 따른 산림보호구역, 그 밖에 공익상 재산세를 부과하지 아니할 타당한 이유가 있는 것으로서 법정한 토지
> 다. 임시로 사용하기 위하여 건축된 건축물로서 재산세 과세기준일 현재 1년 미만의 것
> 라. 비상재해구조용, 무료도선용, 선교(船橋) 구성용 및 본선에 속하는 전마용(傳馬用) 등으로 사용하는 선박
> 마. 행정기관으로부터 철거명령을 받은 건축물 등 재산세를 부과하는 것이 적절하지 아니한 건축물 또는 주택(「건축법」 제2조 제1항 제2호에 따른 건축물 부분으로 한정한다)으로서 법정한 것

○ 재산세가 분리과세 되는 경우

지방세법 제106조 제1항 제3호에서 과세기준일 현재 납세의무자가 소유하고 있는 토지 중 국가의 보호·지원 또는 중과가 필요한 토지로서 다음의 어느 하나에 해당하는 토지는 재산세를 분리과세 대상으로 정하고 있다. 재산세 분리과세로 정하고 있는 경우 종합부동산세도 과세되지 않아야 한다. 따라서 재산세 과세내역에서 분리과세로 판단되는 부분에 대하여 다른 과세유형으로 재산세가 부과된 경우 90일 내

에 이의신청하여 재산세 과세유형을 변경하여야 한다.

⦿ 재산세가 별도합산 되는 경우

지방세법 제106조 제1항 제2호에서 아래의 경우 재산세 별도합산
대상으로 정하고 있다. 재산세 별도합산으로 정하고 있는 경우 종합부
동산세도 별도합산으로 과세되어 80억 원의 기본공제 및 별도합산 종
합부동산세율이 적용되어야 한다. 따라서 재산세 과세내역에서 별도
과세로 판단되는 부분에 대하여 다른 과세유형으로 재산세가 부과된
경우 90일 내에 이의신청하여 재산세 과세유형을 변경하여야 한다.

① 별도합산과세대상
과세기준일 현재 납세의무자가 소유하고 있는 토지 중 다음의 어느
하나에 해당하는 토지

② 건축물의 부속토지

건축물의 부속토지가 되려면 건축공사에 실제 착공하여야 비로소 건축물 부속토지가 되어 별도합산과세 된다. 착공의 시점은 아래와 같다.

● 착공한 건물의 부속토지

'착공신고'란 건축허가를 받거나 신고한 건축물의 공사를 착수하려는 건축주가 국토교통부령으로 정하는 바에 따라 허가권자에게 공사계획을 신고하는 것을 말한다. 첫 삽질을 시작하는 착공은 사업전체에서 매우 중요한 의미(선분양하는 분양사업의 경우 착공시점 즈음에 분양하게 된다)를 가지고 있고, 세법적으로도 중요한 시점이 된다. 착공은 법인세(업무무관부동산, 건설자금이자), 부가가치세(토지관련 매입세액), 취득세(중과세), 재산세(별도합산), 종합부동산세(별도합산) 등 많은 세목에서 중요한 기준점이 되기 때문이다.

일반적으로 착공시기는 터파기공사를 시작한 시점을 의미한다. 단순한 형질변경공사는 건축공사의 사전단계에 불과하므로 착공으로 보지 않는다. 이러한 관점은 세법뿐만 아니라 건설산업에서도 받아들여지는 일반적인 관점이다.

문제는 터파기공사는 다른 공사없이 그냥 시작할 수 있는 작업이 아니라는 점이다. 아무런 준비없이 터를 파면 흙이 무너질 것이다. 당연히 흙막이공사를 먼저 하여야 한다. 흙막이공사를 하려면 공사할 곳을 표시하여야 할 것이다. 이것이 규준틀설치공사(흙막이 작업을 위하여 철제 가이드빔을 설치하는 공사)이다. 최근 대법원판례(대법원 2017두49942, 2017.8.31. 외 다수)는 착공의 시기를 터파기공사시점에서 규준틀설치 공사시점으로 앞당겼다고 할 수 있다.

● 멸실된 건축물의 부속토지

지방세법상 건축물 및 건축물의 부속토지는 여타의 다른 법(건축법 등)에 따른 정의와 다르다. 요약하면 지방세법은 멸실 후 6개월 내의 과세기준일이 도래하는 기존 건축물의 부속토지도 건축물 부속토지라 고 정의하고 있다.

구분	개정 전(2015년 이전)	개정 후(2016년 이후)
건축물의 범위	멸실 6개월이 지나지 아니한 건축물은 (지방세법상) 건축물	N/A
부속토지 범위	N/A	6개월 내 철거멸실된 건축물의 부속토지 포함
건축물 부속토지	건축물 부속토지에 해당 별도합산	건축물 부속토지에 해당 별도합산

당초 개정의 취지는 건축물이 멸실된 날부터 6개월이 지나지 아니한 경우 그 부속토지에 대해서는 별도합산과세 적용대상임을 명확히 하는 것으로, (구)지방세법이 멸실건축물을 6개월간 건축물로 의제한 것을 개정하여 (현)지방세법이 멸실건축물의 부속토지를 건축물 부속토지로 의제하는 것이다. 조세심판원도 "다른 용도로 사용하기 위하여 소요되는 시간을 감안하여 최소한 6개월 정도는 건물이 존재하는 것으로 보아 재산세 과세 시 별도합산세율을 적용하도록 규정(조심 2010지26, 2010.9.13.)하였다고 결정한 바 있다.

그러나 2024년 2월경 행안부는 과세기준일 현재(6월 1일) 기존 건축물 부속토지를 일시적으로 주차장으로 사용하는 경우 종합합산과세대상이 되는 것으로 해석(부동산세제과-515, 2024.2.5.)하여 전국 지방자치단체에게 배포한 바 있다.

부동산세제과-515(2024.2.5.) : 「지방세법」 제106조 제1항 제2호 다목 및 같은 법 시행령 제103조의2에서 규정하는 별도합산과세의 취지는 재산세 과세기준일 현재 다른 용도로 이용하는 토지까지 별도합산과세대상으로 구분하는 것은 토지분 재산세 기본 원칙에 부합하지 않는 점, 해딩 토지는 건축물이 멸실된 이후, 차단기 설치·아스콘 포장·무인 수납기 설치 등 주차장으로 이용되는 사실이 명확히 확인되었으며, 이를 공사과정에서 수반되는 일시적인 나대지 상태의 토지로 볼 수 없는 점 등 사실관계 및 입법취지, 종전 판례 등을 종합적으로 고려할 때, 과세기준일 현재 토지 이용현황에 맞게 종합합산과세대상으로 적용하는 것이 타당하다고 판단됨.

당시로서는 나대지의 일시적인 효율적 운용(주차장 이용)이 규제할 만한 내용도 아니며, 일시적인 운용이 개발사업의 중단 또는 정지를 의미하는 것이 아닌 바 행안부의 유권해석은 타당하지 않다고 사료된다. 해당 해석에 대하여 조세심판원은 ① 재산세 과세기준일 현재 그 지상의 건축물을 철거·멸실한 날부터 6개월이 지나지 않은 토지이면 별도합산과세대상에 해당되는 것이지 그 외 다른 요건을 갖추어야 하는 것은 아니라고 보는 것이 조세법규의 유권해석에 부합하는 점, ② 철거·멸실된 날부터 6개월이 지나지 아니한 건축물의 부속토지를 별도합산과세대상으로 구분한다고 규정한 것은 재산세 현황과세의 원칙에 대한 특례규정으로 볼 수도 있는 점, ③ 조세심판원은 재산세 과세기준일 현재 건축물을 철거·멸실한 날부터 6개월이 경과하였는지 여부만 판단하여 인용 여부를 결정하였을 뿐 건축물을 철거·멸실한 후 방치하거나 건축물의 신축을 위한 준비행위가 아닌 다른용도로 사용하였다고 하여 달리 결정하지 않은 점을 근거로 청구주장을 인용하였다(조심 2023지5566 2024.11.11.).

다만 2024년 5월에 개정된 법령(2024.5.28. 제34528호)은 기존 지방세법 조항에 "(건축물 또는 주택의 건축을 위한 용도 외의 다른 용도로 사용하는 부속토지는 제외한다)"는 단서 조항을 추가함으로써, 멸실 후 6개월 내 부속토지에 대한 별도합산과세 특례 적용 기준을 '시간(6개월)'에서

'이용 현황(다른 용도 사용 여부)' 중심으로 전환하려는 의도를 명확히 보여준다.

이러한 세법 개정은 재산세 과세의 현황과세 원칙을 강화하고, 특례 기간 동안의 일시적 수익 활동(예 : 주차장 사용)을 규제하여 세수를 확보하려는 행정안전부의 최근 유권해석(부동산세제과-515)과 궤를 같이 한다.

지방세법 시행령 제103조의2 (2023.12.29. 제34080호)	지방세법 시행령 제103조의2 (2024.5.28. 제34528호)
과세기준일 현재 건축물 또는 주택이 사실상 철거·멸실된 날부터 6개월이 지나지 아니한 건축물 또는 주택의 부속토지	건축물 또는 주택이 사실상 철거·멸실된 날부터 6개월이 지나지 않은 건축물 또는 주택의 부속토지(건축물 또는 주택의 건축을 위한 용도 외의 다른 용도로 사용하는 부속토지는 제외한다)

즉 과세기준일 현재 주차장 등 건축을 위한 용도 이외에 다른 용도로 사용되는 경우 재산세 종합합산에 따른 종합부동산세 종합합산에 주의하여야 한다.

다주택자이지만 실거주 하는 경우 종합부동산세가 줄어드는지?

종합부동산세는 매년 6월 1일 기준 소유자에게 부과되므로, 주택의 실거주 여부와 무관하게 소유권 변동 및 보유 현황에 따라 세액이 결정된다.

다만 일정 요건을 충족한 주택으로써 과세기준일 현재 실제 임대하고 지방자치단체에 주택임대등록과 세무서에 사업자등록한 주택은 합산배제 신고 시 주택분 종합부동산세 과세표준에 합산의 대상이 되는 주택의 범위에 포함하지 않는다(합산배제로 사후관리하는 비과세).

그러나 합산배제 신고한 임대주택 외의 주택을 소유하는 자가 과세기준일 현재 그 주택에 주민등록이 되어 있고 실제로 거주하고 있는 경우에 한하여 1세대 1주택자 여부를 판단할 때 임대주택을 주택 수에서 제외한다.

따라서 합산배제 주택 외 1주택 주택을 소유하는 자가 실제로 거주하고 있는 경우에는 종합부동산세 부담이 줄어들 수 있다.

합산배제 주택에 관하여서는 '제2장. 합산배제·과세특례 제도'를 참조하시기 바란다. 한편 다주택자의 종합부동산세 사례는 다음과 같다.

구분	해당연도 공시가격	전년도 공시가격
주택①	1,853,000,000	1,655,000,000
주택②	227,000,000	235,000,000

계산명세서				
구분	1세대 2주택	과세물건 수	2건	2025년
1. 주택합산 공시가격				2,080,000,000
2. 공제금액				900,000,000
3. 공정시장가액비율				60%
4. 종합부동산세 과세표준((1−2)×3)				708,000,000
5. 세율				1%
누진공제				2,400,000
6. 종합부동산세액				4,680,000
7. 공제할 재산세액				1,456,380
① 해당연도 재산세액				3,738,660
② 과세표준 표준세율 재산세액				1,699,200
③ 총표준세율 재산세액				4,362,000
8. 산출세액(6−7)				3,223,620
9. 세액공제액(①+②)				0
① 고령자 공제				0
② 장기보유자 공제				0
10. 세액공제 후 산출세액(8−9)				3,223,620
11. 세부담상한 초과세액(①−②)				0
① 종합부동산세(10) + 재산세(7.①)				6,962,280
② 세부담상한금액				8,693,256
12. 종합부동산세 납부할 세액(10−11)				3,223,620
13. 농어촌특별세 납부할 세액(12×20%)				644,724
14. 총납부할 세액(12+13)				3,868,344

1세대 1주택 자가 아닌 경우 주택합산 공시가격에서 공제해 주는 금액은 9억 원이 된다. 해당 사례에서 합산 공시가격이 9억 원을 초과하므로 종합부동산세가 과세된다. 1세대 2주택자 이상부터 고령자 공제 및 장기보유자 공제는 적용받을 수 없으며, 1세대 1주택에 비해 과세표준 6억 원을 초과하는 구간부터 적용받는 세율이 달라진다.

〈 1세대 2주택자의 종합부동산세 세율 〉

과세표준	세율
3억 원 이하	0.5%
3억 원 초과 6억 원 이하	150만 원 + 3억 원 초과금액의 0.7%
6억 원 초과 12억 원 이하	360만 원 + 6억 원 초과금액의 1.0%
12억 원 초과 25억 원 이하	960만 원 + 12억 원 초과금액의 1.13%
25억 원 초과 50억 원 이하	2,650만 원 + 25억 원 초과금액의 1.15%
50억 원 초과 94억 원 이하	6,400만 원 + 50억 원 초과금액의 1.2%
94억 원 초과	15,200만 원 + 94억 원 초과금액의 1.27%

1-1) 주택① 재산세 과세표준

　　Min[해당연도 시가표준, 과세표준상한액] = 1,048,590,000

　　해당연도 시가표준 = 1,853,000,000 × 60% = **1,111,800,000**

　　과세표준 상한액 = (1,655,000,000 × 60%) + (1,853,000,000 × 60% × 5%)

　　　　　　　　= **1,048,590,000**

　　※ (전년도 시가표준 × 60%) + (해당연도 시가표준 × 60% × 5%)

1-2) 주택② 재산세 과세표준

　　Min[해당연도 시가표준, 과세표준상한액] = **136,200,000**

　　해당연도 시가표준 = 227,000,000 × 60% = 136,200,000

　　과세표준 상한액 = (235,000,000 × 60%) + (227,000,000 × 60% × 5%) = **147,810,000**

　　※ (전년도 시가표준 × 60%) + (해당연도 시가표준 × 60% × 5%)

2) 재산세액 산출내역

구분	주택①	주택②	합계
1. 과세표준	1,048,590,000	136,200,000	1,184,790,000
2. 세율	0.4%	0.15%	
누진공제	630,000	30,000	
3. 재산세(①, ② 중 적은 금액)	3,564,360	174,300	3,738,660
① 재산세 산출세액(1×2)	3,564,360	174,300	3,738,660
② 재산세 세부담상한금액	4,344,600	190,575	4,535,175
4. 도시지역분(①, ② 중 적은 금액)	1,468,026	0	1,468,026
① 도시지역분 산출세액(1×0.14%)	1,468,026	0	1,468,026
② 도시지역분 세부담상한금액	1,807,260	0	1,807,260
5. 지방교육세(3×20%)	712,872	34,860	747,732
6. 지역자원시설세	0	0	0
7. 총납부할 세액(3+4+5+6)	5,745,258	209,160	5,954,418

3) 공제할 재산세액 계산

① 해당연도 재산세액 = 3,738,660

② 과세표준 표준세율 재산세액 = (2,080,000,000 − 900,000,000) × 60% × 60% × 0.4%
= 1,699,200

※ 주택합산 공시가격 - 9억 원(1세대 1주택 12억 원) × 종합부동산세 공정시장가액비율 × 재산세 공정시장가액비율 × 표준세율(0.4%)

※ 세율만 곱하고, 누진공제액은 빼지 않음에 주의

③ 총표준세율 재산세액 = 2,080,000,000 × 60% × 0.4% − 630,000 = 4,362,000

※ 주택합산 공시가격 × 재산세 공정시장가액비율 × 세율 - 누진공제액

☞ 공제할 재산세액 = ① × $\dfrac{②}{③}$ = 1,456,380

구분	해당연도 공시가격	전년도 공시가격
주택①	1,853,000,000	1,655,000,000
주택②	227,000,000	235,000,000
주택③	870,000,000	850,000,000

계산명세서				
구분	1세대 3주택 이상	과세물건 수	3건	2025년
1. 주택합산 공시가격				2,950,000,000
2. 공제금액				900,000,000
3. 공정시장가액비율				60%
4. 종합부동산세 과세표준((1-2)×3)				1,230,000,000
5. 세율				2%
누진공제				14,440,000
6. 종합부동산세액				10,200,000
7. 공제할 재산세액				2,378,378
① 해당연도 재산세액				5,196,660
② 과세표준 표준세율 재산세액				2,952,000
③ 총표준세율 재산세액				6,450,000
8. 산출세액(6-7)				7,821,622
9. 세액공제액(①+②)				0
① 고령자 공제				0
② 장기보유자 공제				0
10. 세액공제 후 산출세액(8-9)				7,821,622
11. 세부담상한 초과세액(①-②)				0
① 종합부동산세(10) + 재산세(7.①)				13,018,282
② 세부담상한금액				17,062,621
12. 종합부동산세 납부할 세액(10-11)				7,821,622
13. 농어촌특별세 납부할 세액(12×20%)				1,564,324
14. 총납부할 세액(12+13)				9,385,946

1세대 2주택인 경우와 마찬가지로 주택합산 공시가격에서 공제해 주는 금액은 9억 원이다. 해당 사례에서 주택합산 공시가격은 9억 원을 초과하므로 종합부동산세가 과세된다.

2주택 이하인 경우와 비교하여 과세표준 12억 원 초과하는 구간부터 적용되는 세율이 달라지며 이후 구간별로 1%씩 상승하므로, 세액이 가파르게 증가한다.

<1세대 3주택자의 종합부동산세 세율>

과세표준	2주택 이하	3주택 이상
3억 원 이하	0.5%	0.5%
3억 원 초과 6억 원 이하	150만 원 + 3억 원 초과금액의 0.7%	150만 원 + 3억 원 초과금액의 0.7%
6억 원 초과 12억 원 이하	360만 원 + 6억 원 초과금액의 1.0%	360만 원 + 6억 원 초과금액의 1.0%
12억 원 초과 25억 원 이하	**960만 원 + 12억 원 초과금액의 1.13%**	**960만 원 + 12억 원 초과금액의 2.0%**
25억 원 초과 50억 원 이하	2,650만 원 + 25억 원 초과금액의 1.15%	3,560만 원 + 25억 원 초과금액의 3.0%
50억 원 초과 94억 원 이하	6,400만 원 + 50억 원 초과금액의 1.2%	11,060만 원 + 50억 원 초과금액의 4.0%
94억 원 초과	15,200만 원 + 94억 원 초과금액의 1.27%	28,660만 원 + 94억 원 초과금액의 5.0%

1-1) 주택① 재산세 과세표준

Min[해당연도 시가표준, 과세표준상한액] = 1,048,590,000

해당연도 시가표준 = 1,853,000,000 × 60% = **1,111,800,000**

과세표준 상한액 = (1,655,000,000 × 60%) + (1,853,000,000 × 60% × 5%)

= **1,048,590,000**

※ (전년도 시가표준 × 60%) + (해당연도 시가표준 × 60% × 5%)

1-2) 주택② 재산세 과세표준

Min[해당연도 시가표준, 과세표준상한액] = 136,200,000

해당연도 시가표준 = 227,000,000 × 60% = **136,200,000**

과세표준 상한액 = (235,000,000 × 60%) + (227,000,000 × 60% × 5%) = **147,810,000**

※ (전년도 시가표준 × 60%) + (해당연도 시가표준 × 60% × 5%)

1-3) 주택③ 재산세 과세표준

Min[해당연도 시가표준, 과세표준상한액] = 522,000,000

해당연도 시가표준 = 870,000,000 × 60% = **522,000,000**

과세표준 상한액 = (850,000,000 × 60%) + (870,000,000 × 60% × 5%) = **536,100,000**

※ (전년도 시가표준 × 60%) + (해당연도 시가표준 × 60% × 5%)

2) 재산세액 산출내역

구분	주택①	주택②	주택③	합계
1. 과세표준	1,048,590,000	136,200,000	522,000,000	1,706,790,000
2. 세율	0.4%	0.15%	0.4%	
누진공제	630,000	30,000	630,000	
3. 재산세(①, ② 중 적은 금액)	3,564,360	174,300	1,458,000	5,196,660
① 재산세 산출세액(1×2)	3,564,360	174,300	1,458,000	5,196,660
② 재산세 세부담상한금액	4,344,600	190,575	1,833,000	6,368,175
4. 도시지역분(①, ② 중 적은 금액)	1,468,026	0	0	1,468,026
① 도시지역분 산출세액(1×0.14%)	1,468,026	0	0	1,468,026
② 도시지역분 세부담상한금액	1,807,260	0	0	1,807,260
5. 지방교육세(3×20%)	712,872	34,860	291,600	1,039,332
6. 지역자원시설세	0	0	0	0
7. 총납부할 세액(3+4+5+6)	5,745,258	209,160	1,749,600	7,704,018

3) 공제할 재산세액 계산

① 해당연도 재산세액 = 5,196,660

② 과세표준 표준세율 재산세액 = (2,950,000,000 − 900,000,000) × 60% × 60% × 0.4% = 2,952,000

※ 주택합산 공시가격 − 9억 원(1세대 1주택 12억 원) × 종합부동산세 공정시장가액비율 × 재산세 공정시장가액비율 × 표준세율(0.4%)

※ 세율만 곱하고, 누진공제액은 빼지 않음에 주의

③ 총표준세율 재산세액 = 2,950,000,000 × 60% × 0.4% − 630,000 = 6,450,000

※ 주택합산 공시가격 × 재산세 공정시장가액비율 × 세율 − 누진공제액

☞ 공제할 재산세액 = ① × $\dfrac{②}{③}$ = 2,378,378

보유세 관점에서 주택양도 시 잔금일이 중요

종합부동산세는 재산세 납세의무자에게 부과하는 세금이며, 재산세는 매년 6월 1일(과세기준일) 현재 과세대상 자산을 소유한 사람에게 부과된다.

따라서 부동산을 매매할 때 잔금일이 6월 1일이라면 해당 연도의 재산세 및 종합부동산세는 매수자가 부담하게 된다. 6월 1일 현재의 최종 소유자이기 때문이다. 반대로 잔금일이 6월 2일 이후라면 매도자가 재산세 및 종합부동산세를 부담하게 된다. 즉 종합부동산세 세부담 측면에서 부동산 매도자는 6월 1일 이전에 잔금을 받는 것이 유리하고, 부동산 매수자는 6월 2일 이후에 잔금을 내는 것이 유리하다.

● 과세기준일을 기준으로 부과하는 것이 헌법에 위반되는지

재산세를 과세기준일 기준으로 부과하는 것이 헌법에 위반되는지 여부에 대해 다툼이 된 바 있었는바 쟁점 법률 조항이 과세대상 재산의 보유기간을 따지지 않고 과세대상 재산을 1년간 보유한 자와 1년 미만 보유한 자를 동일하게 취급하여 1년분의 재산세액을 전부 부과한다고 하더라도, 그것은 재산세가 보유재산에서 생기는 수익이 아니라 보유재산의 가치를 담세능력으로 파악하는 것이라는 본질에 맞추면서 재산세 징수의 효율성을 높이고 징수비용을 줄이기 위한 것이므로, 불합리한 차별이라고 보기 어렵다고 결정된 바 있다(헌재 2006헌바 111, 2008.9.25.).

◉ 과세기준일이 잔금일인 경우

과세기준일 현재 소유자 과세기준일 현재 과세대상물건의 소유권이 양도·양수된 때에는 양수인을 당해 연도의 납세의무자로 본다(행정안전부 지방세관계법 운영 예규, 지방세법 법106-1).

지방 저가주택 취득 시 종합부동산세 효과

　지방 저가주택은 1세대 1주택 종합부동산세 특례 적용 시 주택 수에서 제외될 수 있다. 다만, 이 때 주의할 점은 지방 저가주택을 주택 수에서 제외하기 위해서는 종합부동산세 납세의무자가 같아야 한다. 수도권 밖이면서 광역시·특별자치시 외의 지역에 소재한 주택으로서 6월 1일 현재 공시가격이 4억 원 이하인 주택은 1세대 1주택 특례 대상 지방 저가주택에 해당한다. 그러나, 1세대 1주택자 적용을 받기 위해서는 세대원 중 1명만 주택을 소유하여야 하고 다른 세대원은 무주택이어야 한다.

　따라서 한 사람(예를 들어 남편)이 일반주택과 지방 저가주택을 함께 소유하였다면 1세대 1주택자로 볼 수 있으나, 남편과 그 배우자가 각각 1주택을 보유했을 때에는 1세대 1주택자 적용을 받을 수 없다.

　1세대 1주택자 적용 시 주택 수 산정에서 제외되는 지방 저가주택은 1주택을 소유한 사람이 해당 지방 저가주택을 함께 소유하는 경우에만 특례가 적용된다는 점을 유의하여야 한다. 따라서, 1주택을 소유한 세대가 4억 원 이하 지방 저가주택을 추가로 취득할 때에는 1주택을 소유하고 있는 사람이 지방 저가주택을 취득하는 것이 종합부동산세 세부담 측면에서 유리하다.

관련하여 법원은 인별 합산과세 방식을 채택한 종합부동산세법 체계에서 일반적으로 2 이상의 주택을 세대원 중 1인이 모두 소유한 경우에는 이를 여러 세대원이 나누어 소유한 경우보다 공제액과 세율에서 불리하여 세대 전체의 종합부동산세 부담이 늘어나게 되는데, 종합부동산세법 제8조 제4항 제1호는 그중 납세의무자가 1주택과 다른 주택의 부속토지를 함께 소유하고 다른 세대원이 주택을 소유하지 아니한 경우에 한하여 특별한 혜택을 부여한 것이므로, 당초부터 세대원들이 1주택과 다른 주택의 부속토지를 나누어 소유하여 공제액과 세율에서 불리하지 아니한 경우에까지 위와 같은 혜택을 부여하지 아니하였다고 하여 이를 불합리한 차별이라고 할 수도 없다(서울행정법원 2023구합1484, 2023.9.22.)고 판시하였다. 해당 판결 내용은 2024년 5월 9일 2심에서 그대로 인용되었으며(서울고등법원 2023누62016), 원고의 상고 포기로 확정되었다.

재개발·재건축과 종합부동산세

도시정비구역 내에 소재한 주택이 있는 경우 해당 주택은 관리처분 계획인가되고 퇴거, 단전·단수 및 폐쇄조치된 상태이므로 주택으로 취급되지 않을 것이라 생각할 수 있으나, 과세기준일 현재 멸실되지 않았다면 2주택자로 종합부동산세가 과세될 수 있다.

재건축사업 구역 내 주택은 관리처분계획인가 여부나 퇴거, 단전·단수 및 폐쇄조치 여부와 관계없이 실제 철거되는 때까지 종합부동산세가 부과된다. 따라서 재건축사업 구역 내 주택(조합원입주권)을 취득하는 경우에는 해당 주택이 철거되었는지 반드시 확인하여야 한다.

◎ 재산적 가치를 전부 상실해야 주택이 아님

「도시 및 주거환경정비법」에 따른 재개발·재건축사업 정비구역 내 철거예정 주택인 종합부동산세 과세대상 주택으로 보는지는 과세기준일 현재 세대원이 퇴거·이주하고 단전·단수 및 출입문 봉쇄 등 출입 제한이나 철거 개시 및 관리처분계획인가 여부보다는 주택의 건축물이 '사실상 철거·멸실된 날(사실상 철거·멸실된 날을 알 수 없는 경우에는 공부상 철거·멸실된 날)'을 기준으로 판단한다. 여기서 '사실상 철거·멸실된 날'이란 외형적으로 주택의 구조가 훼손되거나 일부 혹은 붕괴되고 그 복구가 사회통념상 거의 불가능하게 된 정도에 이르러 재산적 가치를 전부 상실하게 된 때를 의미한다(서면-2023-부동산-2167, 2024.6.17.).

재산세는 보유하는 재산에 담세력을 인정하여 부과되는 수익세적 성격을 지닌 보유세로서, 재산가액을 그 과세표준으로 하고 있어 그 본질은 재산소유 자체를 과세요건으로 하는 것이므로, 당해 재산이 훼손되거나 일부 멸실 혹은 붕괴되고 그 복구가 사회통념상 거의 불가능하게 된 정도에 이르러 재산적 가치를 전부 상실하게 된 때에는 재산세 과세대상이 되지 아니하나, 재산세에 있어 현실적으로 당해 재산을 그 본래의 용도에 따라 사용·수익하였는지 여부는 그 과세요건이 아니다라고 판시한 바 있다(대법원 99두110, 2001.4.24.).

◉ 관리처분 후 멸실 전 종합부동산세 부담을 줄이는 방법

다만 관리처분 후 주택 멸실 전 종합부동산세 부담을 줄이는 방법으로 건축사업 구역 내 철거가 임박한(3년 이내) 주택을 취득하는 경우 취득일부터 최초로 도래하는 6월 1일이 지나기 전에 재건축조합에 신탁등기(소유권이전)를 하면 주택건설목적 멸실예정주택으로 합산배제(비과세) 신고하면 종합부동산세 부담을 줄일 수 있다.

「종합부동산세법 시행령」 제4조 제1항 제21호 나목에 따라 「도시 및 주거환경정비법」 제24조부터 제28호까지의 규정에 따른 사업시행자가 주택 건설사업을 위하여 멸실시킬 목적으로 취득하여 그 취득일부터 3년 이내에 멸실시키는 주택은 종합부동산세 과세표준합산의 대상이 되는 주택의 범위에 포함되지 아니한다(기획재정부 재산세제과-552, 2023.4.13.).

양도소득세는 재건축사업 시행기간 동안 거주하기 위하여 취득한 주택(대체주택)을 재건축 완성일부터 3년 이내에 양도하는 경우에는 1세대 1주택으로 보아 비과세를 적용받을 수 있다. 그러나, 종합부동산세는 재건축사업 시행기간 동안 거주하기 위하여 취득한 대체주택에 대해 1세대 1주택자로 보는 특례가 없다. 따라서, 도시정비사업의 조합원이 대체주택을 취득한 경우 대체주택에 대한 양도소득세 비과세 여부와 상관없이 6월 1일에 보유한 주택이 2주택에 해당하는 경우 2주택을 소유한 것으로 보아 종합부동산세가 부과된다.

한편 아래 표는 양도소득세 주요 비과세 사례를 요약한 것이며, 아래 "입주권+주택 후 주택양도"부분이 도시정비 대체주택 비과세에 관한 내용이다.

구분	12억 원 이하 비과세 요건
1세대 1주택	거주자, 1주택일 것 (2년 보유, 취득당시 조정지역이면 2년 거주)
일시적 2주택	1년 후 취득, 2년 보유, 3년 내 양도
입주권 양도	관리처분인가일 현재 1주택일 것 양도일 현재 다른 주택, 입주권·분양권이 없을 것
입주권+주택 후 입주권 양도	관리처분인가일 현재 1주택일 것, 주택취득 후 3년 내에 입주권을 양도. 단, 입주권 2개가 되면 비과세 배제 (서면 2017-2005 2017.12.28.)
주택+입주권 후 주택양도	1주택 취득 후 1년 내 1입주권 취득 후 3년 내 종전주택양도 or 종전주택 취득 후 1년 후 입주권 취득 및 준공 후 3년 내 세대전원 이사하여 1년 이상 거주, 준공 후 3년 내 종전주택양도
입주권+주택 후 주택양도	사업시행인가일 이후 대체주택 취득 및 세대전원 이사하여 1년 이상 거주, 준공 전 및 준공 후 3년 내 대체주택 양도 (취득세 일시적 2주택 요건 : 취득 후 3년 내 멸실 or 전입)
주택+분양권 주택양도	종전주택 취득 후 1년 후 분양권 취득 및 3년 내 종전주택양도 or 종전주택 취득 후 1년 후 분양권 취득 및 준공 후 3년 내 세대전원 이사하여 1년 이상 거주, 준공 후 3년 내 종전주택양도

 재건축 1 + 1 분양자는 2주택자로 종합부동산세 과세될 수 있다.

재개발·재건축으로 1+1 주택을 분양받는 자는 준공 후 2주택자로 종합부동산세가 과세될 수 있다. 종합부동산세 부과 근거규정은 헌법에 위반되지 않고, 2주택을 분양받은 것은 납세의무자의 선택에 따른 것으로 조세평등주의에 반할 우려가 있으며, 1 + 1 분양에서 소형주택을 주택 수 산입에서 제외하지 않은 것이 위헌적인 법령해석으로 헌법합치적 해석원칙에 반하거나 국세기본법 제18조 제1항에 위반된다고 보기도 어려운 점 등을 종합해 보면, 소형주택을 주택 수 산입에서 제외하거나 합산배제 주택으로 볼 수는 없기 때문이다(대법 2024두59381, 2025.02.20. 및 서울행법 2023구합72950, 2025. 02.18.).

한편 1 + 1 입주권의 세금 문제는 다음과 같다.

① 1+1 입주권 중 60㎡ 이하는 3년간 전매 제한되므로, 분리하여 증여하기 곤란하다. 따라서 준공일 큰 평수를 먼저 양도하기도 곤란하므로 3년간 2주택자로 종부세 부담이 발생하는 경우가 많다.

② 1+1 입주권은 양도일 현재 2 입주권으로 비과세를 적용받을 수 없다(재산 46014-199, 2023.07.06.).

③ 입주권 1+1과 다른 주택 1개를 보유한 사람이 주택양도시 3주택으로 중과될 수 있다(2026.05.09.까지 다주택자 중과세 유예되어 있음). 다주택자라도 입주권의 양도 자체가 중과세 대상이 아니라, 입주권 외의 다른 주택을 양도할 때 중과세가 적용된다는 점에 유의하여야 한다.

07 상속으로 주택을 취득한 경우 종합부동산세는 어떻게 계산되는지?

상속으로 취득한 주택도 종합부동산세 과세대상에 포함되는 것이 원칙이다.

다만, 상속주택에 대해 일정 요건을 충족하면 1세대 1주택자로 보거나 주택 수 산정에서 제외하는 특례가 적용되어 종합부동산세 부담이 완화된다.

구분	내용
1세대 1주택자 인정 요건	다음 중 하나에 해당하는 상속주택을 보유한 경우 1세대 1주택자로 본다.
① 상속개시일부터 5년 이내인 주택	상속개시일로부터 5년이 지나지 않은 주택은 주택 수 산정 시 제외
② 지분율 40% 이하인 주택	상속받은 지분이 40% 이하인 경우 주택 수 산정에서 제외
③ 지분에 해당하는 공시가격이 6억 원 이하(수도권 밖 3억 원 이하)인 주택	소액 지분 보유 주택은 주택 수 산정에서 제외

이 경우 상속주택은 주택 수 산정에서 제외되어 다주택자 중과세 부담을 줄일 수 있다.

결론적으로, 상속으로 취득한 주택은 원칙적으로 종합부동산세 과세 대상에 포함되나, 상속개시일로부터 5년 이내, 지분율 40% 이하, 또는 소액 지분(6억 원 이하)인 경우 주택 수 산정에서 제외되어 1세대 1주택자로 인정받을 수 있거나 다주택자 종합부동산세 중과세율 적용을 피할 수 있다.

그러나 주택 이외의 토지 등은 이러한 특례규정이 없으므로 주의하여야 한다. 농지인 경우 상속여부에 불구하고 종합부동산세 과세대상이 아니므로 종합부동산세 과세 문제를 발생시키지 않지만 나대지 등은 위에서 서술한 상속주택 특례와 같은 특례조문이 없으므로 종합부동산세가 발생할 수 있다.

TIP11 부모님이 6월 1일 이전에 돌아가시면 종부세는?

6월 1일 현재 등기되지 않은 상속재산에 대해 6월 15일까지 시·군·구청에 사실상 소유자를 신고할 수 있는데, 이를 신고하지 않으면 주된 상속자가 상속재산을 전부 소유한 것으로 보아 종합부동산세가 부과된다.

● 주된 상속자란

'주된 상속자'란 민법상 상속지분율이 높은 사람(1순위), 지분율이 같은 경우 연장자(2순위)를 말한다. 상속인이 6월 15일까지 미등기 상속재산의 사실상 소유자를 신고하지 않았으므로 주된 상속자에게 종합부동산세가 전부 부과된다.

● 가족이 사망한 후 상속등기를 바로 하지 못한 경우

공동상속인 간에 상속재산에 대해 미리 협의하여 사실상 소유자를 신고하지 않으면 주된 상속자에게 종합부동산세가 모두 부과된다는 점을 유의해야 한다. 만일, 나대지는 한 사람이 전부 소유하면 5억 원만 공제되지만, 여러 사람이 공동으로 소유하면 각각 5억 원씩 공제되므로, 여러 사람이 공동으로 소유하는 것이 세부담 측면에서 유리하다. 따라서 사망일 이후 처음 도래하는 6월 15일까지 상속재산을 관할하는 시·군·구청에 신고하는 것이 좋다.

● 관련 해석사례

상속은 「민법」 제997조의 규정에 의하여 피상속자의 사망으로 인하여 개시되며, 상속등기가 되지 아니한 때에는 상속자가 지분에 따라 신고하면 신고된 지분에 따른 납세의무가 성립하고 신고가 없으면 「지방세법 시행규칙」

제53조에 따른 주된 상속자에게 납세의무가 있다(행정안전부 지방세관계법 운영 예규, 지방세법 법107-7). 사실상 소유자 신고를 누락한 미등기상속재산에 대해 추후 상속재산분할심판이 확정된 경우 상속재산분할의 효력이 상속이 개시된 때로 소급한다고 하더라도, 이는 법적 효력의 개시시점을 규정한 것일 뿐 과세기준일 당시의 사실 상태에는 영향을 미칠 수 없다고 할 것이다(서울행정법원 2022구단74037, 2023.6.23.).

또한 상속이 개시된 주택으로서 과세기준일 현재 상속등기가 이행되지 아니하고 「지방세법」 제120조 제1항에 따라 사실상의 소유자를 신고하지 아니한 경우에는 주된 상속자에게 종합부동산세 납세의무가 있는 것이며(같은 법 제3항에 따라 지방자치단체의 장이 직권으로 조사하여 재산세 과세대장에 사실상 소유자를 등재한 경우는 제외함), 추후 과세기준일 현재 상속등기가 이행된 경우로서 상속으로 인하여 여러 사람이 공동으로 소유하는 주택은 지분권자 각자가 그 지분에 해당하는 부분에 대해 종합부동산세 납세의무가 있는 것이다(서면-2023-부동산-2089, 2024.6.26.).

자녀에게 증여하면 종합부동산세는 줄어드는지?

종합부동산세는 과세기준일 현재 부동산을 '보유'하고 있는 자에게 부과되는 세금이므로, 세대 분리된 자녀에게 증여하는 것을 통해 종합부동산세 절감을 노릴 수도 있다. 특히 높은 누진세율의 적용을 받는 납세의무자는 증여를 통하여 과세표준을 분산하는 경우 종합부동산세 부담이 줄어들 수 있다.

● 증여 시 종합부동산세 부담 변화 개요

증여는 소유권 이전 행위로, 증여받은 자녀가 해당 부동산을 보유하게 되어 종합부동산세 납세의무자가 변경된다. 증여 전후로 1세대가 보유한 주택 수와 공시가격 합산액이 변동될 수 있어, 종합부동산세 과세 여부 및 세액에 영향을 미친다. 단순히 증여한다고 해서 종합부동산세가 줄어드는 것이 아니라, 증여 후 자녀의 주택 보유 현황에 따라 종합부동산세가 절감될 수 있다.

구분	증여 전 (부모 보유)	증여 후 (자녀 보유)	종합부동산세 영향
주택 수	부모 기준으로 합산	자녀 기준으로 합산	증여 후 자녀가 다주택자가 되면 종합부동산세 중과 가능성 있음
공시가격 합산	부모 보유 주택 공시가격 합산	자녀 보유 주택 공시가격 합산	자녀가 보유한 주택 공시가격이 기준금액 초과 시 종합부동산세 부과

증여 시에는 증여세가 부과되며, 부모가 성년자인 자녀에게 증여하는 경우 기본공제는 5,000만 원, 초과분에 대해 10~50% 누진세율 적용하여 증여세가 산출된다. 또한, 증여받은 자녀는 주택분 취득세(4%)를 부담해야 하며, 증여자가 다주택자인 경우 주택분 취득세 중과세(12%) 가능성이 있다. 증여세와 취득세 부담이 크므로 종합부동산세 절감과 비교우위를 확인하여 증여하는 것이 필요하다.

법인 명의로 보유한 경우 종합부동산세는?

법인이 주택을 보유하는 경우 오히려 다음과 같이 불이익이 크다.

① 법인의 주택 취득 시 취득세가 12%로 중과세된다.
② 법인의 주택 보유에 대한 종합부동산세 공제금액이 없고 최대 5%로 중과된다.
③ 법인이 보유한 주택이 업무무관부동산으로 취급될 경우 관련 비용이 부인될 수 있다.
④ 법인이 주택을 양도하는 경우 양도차익에 대한 토지 등 양도소득에 대한 법인세 부담이 발생할 수 있다.

따라서 주택이 아닌 토지에 대해서만 법인을 통한 소유권 분산을 고민해 볼 수 있다. 이때는 종합부동산세뿐만 아니라 다른 세금도 함께 고려되어야 한다.

● 법인을 통한 부동산의 소유분산

주택이 아닌 부동산에 대하여 법인을 통한 소유분산을 할 경우 건축물 자체는 종합부동산세 과세대상이 아니고, 건축물의 부속토지만 종합부동산세의 과세대상이 된다. 건축물의 부속토지는 별도합산으로

80억 원까지 공제되므로 종합부동산세의 부담은 낮다. 따라서 소유부동산을 법인명의로 소유를 분산시키는 경우 종합부동산세 부담은 경감될 수 있다.

● 성실신고 대상 법인의 법인세 부담강화

한편 종합부동산세 부담을 줄이기 위해 법인으로 소유부동산을 이전하는 경우에 성실신고법인에 해당하여 법인세 부담이 늘 수 있다는 점에 유의하여야 한다. 게다가 신규법인의 경우에는 대도시 내 취득세 중과세에도 해당될 수 있다.

성실신고법인이란 일정 요건을 충족하여 세무신고 시 '성실신고확인서'를 제출해야 하는 법인을 말한다. 2025년부터 이들 법인에 대한 법인세율 조정과 신고·납부 관련 제도가 변경되어 세부담과 신고절차에 영향을 미치고 있다.

아래의 요건을 모두 충족하는 경우 성실신고 대상 법인이 된다. 성실신고법인이 되면 업무추진비용(접대비) 등의 한도가 축소되면 높은 법인세율이 적용되는 불이익이 있다.

① 가족 구성원 및 특수관계인이 50% 초과 지분 보유한 가족법인
② 주요 사업이 부동산임대업이거나, 부동산 임대수익·이자·배당수익 합산액이 매출액의 50% 초과
③ 상시근로자 5명 미만인 소규모 법인

기존에는 과세표준 2억 원 이하 구간에 9%의 법인세율이 적용되었으나 성실신고대상 법인은 2025년부터 과세표준 '200억 원 이하' 구간에 모두 19%를 적용하도록 조정하였다. 이에 따라 성실신고대상 법인은 과세표준 2억 원 이하의 구간에서도 기존 9%가 아닌 19%의 법인세율이 적용된다. 한편 2026년부터는 19%에서 20%로 법인세율이 증액 개정되었다.

 일반법인의 1주택 사례

아래는 법인이 주택공시가격 3.15억 원인 주택 1채를 보유한 경우 종합부동산세를 계산한 사례이다.

계산명세서				
구분	법인 1주택	과세물건 수	1건	2025년
1. 주택합산 공시가격				315,000,000
2. 공제금액				0
3. 공정시장가액비율				60%
4. 종합부동산세 과세표준((1-2)×3)				189,000,000
5. 세율				2.7%
누진공제				0
6. 종합부동산세액				5,103,000
7. 공제할 재산세액				140,100
① 해당연도 재산세액				292,500
② 과세표준 표준세율 재산세액				140,100
③ 총표준세율 재산세액				292,500
8. 산출세액(6-7)				4,962,900
9. 세액공제액(①+②)				0
① 고령자 공제				0
② 장기보유자 공제				0
10. 세액공제 후 산출세액(8-9)				4,962,900
11. 세부담상한 초과세액(①-②)				0
① 종합부동산세(10) + 재산세(7.①)				0
② 세부담상한금액				0
12. 종합부동산세 납부할 세액(10-11)				4,962,900
13. 농어촌특별세 납부할 세액(12×20%)				992,580
14. 총납부할 세액(12+13)				5,955,480

법인소유 주택은 주택 수와 관계없이 공제하는 금액이 없으므로 개인과 비교하여 세부담이 크다. 또한 초과누진세율이 아니라 단일세율(2주택 이하인 경우 2.7%)이 적용되므로 세율적용 시 누진공제되는 금액이 없다.

1) 재산세 과세표준
　Min[해당연도 시가표준, 과세표준상한액] = 189,000,000
　해당연도 시가표준 = 315,000,000 × 60% = **189,000,000**

과세표준 상한액 = (315,000,000 × 60%) + (315,000,000 × 60% × 5%) = **198,450,000**
※ (전년도 시가표준 × 60%) + (해당연도 시가표준 × 60% × 5%)

2) 재산세액 산출내역

과세표준	189,000,000
2. 세율	0.25%
누진공제	180,000
3. 재산세(①, ② 중 적은 금액)	292,500
① 재산세 산출세액(1×2)	292,500
② 재산세 세부담상한금액	321,750
4. 도시지역분(①, ② 중 적은 금액)	264,600
① 도시지역분 산출세액(1×0.14%)	264,600
② 도시지역분 세부담상한금액	291,060
5. 지방교육세(3×20%)	58,500
6. 지역자원시설세	0
7. 총납부할 세액(3+4+5+6)	615,600

3) 공제할 재산세액 계산

① 해당연도 재산세액 = 292,500

② 과세표준 표준세율 재산세액 = (315,000,000−0) × 60% × 60% × 0.15% − 30,000
= 140,100

※ 주택합산 공시가격 × 종합부동산세 공정시장가액비율 × 재산세 공정시장가액비율 × 세율 − 누진공제액

③ 총표준세율 재산세액 = 315,000,000 × 60% × 0.25% − 180,000 = 292,500

※ 주택합산 공시가격 × 재산세 공정시장가액비율 × 세율 − 누진공제액

☞ 공제할 재산세액 = ① × $\dfrac{②}{③}$ = 140,100

 일반법인의 2주택 사례

아래는 법인이 주택공시가격 3.15억 원인 주택 2채를 보유한 경우 종합부동산세를 계산한 사례이다.

계산명세서				
구분	**법인 2주택**	과세물건 수	2건	2025년
1. 주택합산 공시가격				630,000,000
2. 공제금액				0
3. 공정시장가액비율				60%
4. 종합부동산세 과세표준((1−2)×3)				378,000,000
5. 세율				2.7%
누진공제				0
6. 종합부동산세액				10,206,000
7. 공제할 재산세액				256,683
① 해당연도 재산세액				585,000
② 과세표준 표준세율 재산세액				387,000
③ 총표준세율 재산세액				882,000
8. 산출세액(6−7)				9,949,317
9. 세액공제액(①+②)				0
① 고령자 공제				0
② 장기보유자 공제				0
10. 세액공제 후 산출세액(8−9)				9,949,317
11. 세부담상한 초과세액(①−②)				0
① 종합부동산세(10) + 재산세(7.①)				0
② 세부담상한금액				0
12. 종합부동산세 납부할 세액(10−11)				9,949,317
13. 농어촌특별세 납부할 세액(12×20%)				1,989,863
14. 총납부할 세액(12+13)				11,939,180

법인소유 주택은 주택 수와 관계없이 공제하는 금액이 없으므로 개인과 비교하여 세부담이 크다. 또한 초과누진세율이 아니라 단일세율(2주택 이하인 경우 2.7%)이 적용되므로 세율적용 시 누진공제되는 금액이 없다.

1-1) 주택① 재산세 과세표준

　Min[해당연도 시가표준, 과세표준상한액] = 189,000,000

　해당연도 시가표준 = 315,000,000 × 60% = **189,000,000**

　과세표준 상한액 = (315,000,000 × 60%) + (315,000,000 × 60% × 5%)

　　　　　　　　= **198,450,000**

※ (전년도 시가표준 × 60%) + (해당연도 시가표준 × 60% × 5%)

1-2) 주택① 재산세 과세표준

Min[해당연도 시가표준, 과세표준상한액] = 189,000,000

해당연도 시가표준 = 315,000,000 × 60% = **189,000,000**

과세표준 상한액 = (315,000,000 × 60%) + (315,000,000 × 60% × 5%)

= **198,450,000**

※ (전년도 시가표준 × 60%) + (해당연도 시가표준 × 60% × 5%)

2) 재산세액 산출내역

구분	주택①	주택②	합계
1. 과세표준	189,000,000	189,000,000	378,000,000
2. 세율	0.25%	0.25%	
누진공제	180,000	180,000	
3. 재산세(①, ② 중 적은 금액)	292,500	292,500	585,000
① 재산세 산출세액(1×2)	292,500	292,500	585,000
② 재산세 세부담상한금액	321,750	321,750	643,500
4. 도시지역분(①, ② 중 적은 금액)	264,600	264,600	529,200
① 도시지역분 산출세액(1×0.14%)	264,600	264,600	529,200
② 도시지역분 세부담상한금액	291,060	291,060	582,120
5. 지방교육세(3×20%)	58,500	58,500	117,000
6. 지역자원시설세	0	0	0
7. 총납부할 세액(3+4+5+6)	615,600	615,600	1,231,200

3) 공제할 재산세액

① 해당연도 재산세액 = 585,000

② 과세표준 표준세율 재산세액 = (630,000,000−0) × 60% × 60% × 0.25% − 180,000

= 387,000

※ 주택합산 공시가격 × 종합부동산세 공정시장가액비율 × 재산세 공정시장가액비율 × 세율 − 누진공제액

③ 총표준세율 재산세액 = 630,000,000 × 60% × 0.4% − 630,000 = 882,000

※ 주택합산 공시가격 × 재산세 공정시장가액비율 × 세율 − 누진공제액

☞ 공제할 재산세액 = ① × $\dfrac{②}{③}$ = 256,683

 일반법인의 3주택 사례

아래는 법인이 주택공시가격 3.15억 원인 주택 3채를 보유한 경우 종합부동산세를 계산한 사례이다. 법인의 3주택 이상 보유한 경우 5%의 단일세율이 적용되어 세액이 크게 증가한다.

계산명세서				
구분	법인 1주택	과세물건 수	1건	2025년
1. 주택합산 공시가격				945,000,000
2. 공제금액				0
3. 공정시장가액비율				60%
4. 종합부동산세 과세표준((1−2)×3)				567,000,000
5. 세율				5%
누진공제				0
6. 종합부동산세액				28,350,000
7. 공제할 재산세액				391,500
① 해당연도 재산세액				877,500
② 과세표준 표준세율 재산세액				730,800
③ 총표준세율 재산세액				1,638,000
8. 산출세액(6−7)				27,958,500
9. 세액공제액(①+②)				0
① 고령자 공제				0
② 장기보유자 공제				0
10. 세액공제 후 산출세액(8−9)				27,958,500
11. 세부담상한 초과세액(①−②)				0
① 종합부동산세(10) + 재산세(7.①)				0
② 세부담상한금액				0
12. 종합부동산세 납부할 세액(10−11)				27,958,500
13. 농어촌특별세 납부할 세액(12×20%)				5,591,700
14. 총납부할 세액(12+13)				33,550,200

1-1) 주택① 재산세 과세표준

　Min[해당연도 시가표준, 과세표준상한액] = 189,000,000

　해당연도 시가표준 = 315,000,000 × 60% = **189,000,000**

　과세표준 상한액 = (315,000,000 × 60%) + (315,000,000 × 60% × 5%)

　　　　　　= **198,450,000**

　※ (전년도 시가표준 × 60%) + (해당연도 시가표준 × 60% × 5%)

1-2) 주택② 재산세 과세표준

　Min[해당연도 시가표준, 과세표준상한액] = 189,000,000

해당연도 시가표준 = 315,000,000 × 60% = **189,000,000**

과세표준 상한액 = (315,000,000 × 60%) + (315,000,000 × 60% × 5%)

= **198,450,000**

※ (전년도 시가표준 × 60%) + (해당연도 시가표준 × 60% × 5%)

1-3) 주택③ 재산세 과세표준

Min[해당연도 시가표준, 과세표준상한액] = 189,000,000

해당연도 시가표준 = 315,000,000 × 60% = **189,000,000**

과세표준 상한액 = (315,000,000 × 60%) + (315,000,000 × 60% × 5%)

= **198,450,000**

※ (전년도 시가표준 × 60%) + (해당연도 시가표준 × 60% × 5%)

2) 재산세액 산출내역

구분	주택①	주택②	주택③	합계
1. 과세표준	189,000,000	189,000,000	189,000,000	567,000,000
2. 세율	0.25%	0.25%	0.25%	
누진공제	180,000	180,000	180,000	
3. 재산세(①, ② 중 적은 금액)	292,500	292,500	292,500	877,500
① 재산세 산출세액(1×2)	292,500	292,500	292,500	877,500
② 재산세 세부담상한금액	321,750	321,750	321,750	965,250
4. 도시지역분(①, ② 중 적은 금액)	264,600	264,600	264,600	793,800
① 도시지역분 산출세액(1×0.14%)	264,600	264,600	264,600	793,800
② 도시지역분 세부담상한금액	291,060	291,060	291,060	873,180
5. 지방교육세(3×20%)	58,500	58,500	58,500	175,500
6. 지역자원시설세	0	0	0	0
7. 총납부할 세액(3+4+5+6)	615,600	615,600	615,600	1,846,800

3) 공제할 재산세액

① 해당연도 재산세액 = 877,500

② 과세표준 표준세율 재산세액 = (945,000,000−0) × 60% × 60% × 0.4% − 630,000

= 730,800

※ 주택합산 공시가격 − 9억 원(1세대 1주택 12억 원) × 종합부동산세 공정시장가액비율 × 재산세 공정시장가액비율 × 세율 − 누진공제액

③ 총표준세율 재산세액 = 945,000,000 × 60% × 0.4% − 630,000 = 1,638,000

※ 주택합산 공시가격 × 재산세 공정시장가액비율 × 세율 − 누진공제액

☞ 공제할 재산세액 = ① × $\dfrac{②}{③}$ = 391,500

법인의 경우 2주택까지는 주택 2.7%의 단일세율이 적용되지만 3주택을 넘어가는 순간 5%의 단일세율이 적용되어 세부담이 급격하게 증가한다. 법인이 공시가격이 동일한 주택 2채 보유하면 1채를 보유하였을 때 종부세액의 2배를 부담하지만, 3채를 보유하는 순간 5배 이상의 종합부동산세를 부담하게 된다.

법인의 주택 수	주택공시가격	종부세율	종부세액	비교
1주택	315,000,000	2.70%	5,955,480	100%
2주택	630,000,000	2.70%	11,939,180	200%
3주택	945,000,000	5.00%	33,550,200	560%

세대분리를 하면 종합부동산세가 절세되는지?

● 세대분리의 개념과 종합부동산세 절세 효과

"세대"라 함은 주택 또는 토지의 소유자 및 그 배우자와 그들과 생계를 같이하는 가족으로서 주택 또는 토지의 소유자 및 그 배우자가 그들과 동일한 주소 또는 거소에서 생계를 같이하는 가족과 함께 구성하는 1세대를 말한다. 따라서 "세대분리"란 동일한 주소 또는 거소에서 생계를 같이하지 아니하고 별도의 주소 또는 거소에서 생계를 분리하는 것을 의미한다. 이 경우 소유자와 배우자는 별거하여도 하나의 세대로 묶이므로 통상 1세대가 가능한 자녀가 독립된 세대로 분리되는 경우를 의미한다.

종합부동산세는 인별 공제액(9억 원) 및 1세대 1주택 공제액(12억 원)을 두고 있으므로, 세대분리를 통해 1세대 범위를 분리하면 종합부동산세 부담을 줄일 수 있는 여지가 있다. 물론 세대분리만으로 절세가 확정되는 것은 아니며, 소유권 이전이 더 중요하다고 할 것이다. 즉, 단순히 주민등록상 세대가 분리되었더라도 부동산 소유권이 여전히 동일인에게 있으면 종합부동산세의 절세는 있을 수 없다.

◉ 소유권 이전의 중요성

종합부동산세는 부동산의 소유권을 기준으로 납세의무자를 판단한다. 따라서 세대분리와 별개로 부동산 소유권이 부모에게 그대로 있으면 종합부동산세 합산 대상이 된다. 자녀에게 소유권을 이전해야만 실제로 1세대 1주택 또는 다주택 여부를 분리하여 종합부동산세 절세 효과를 기대할 수 있다.

◉ 세대분리 인정 요건 및 주의사항

세대분리 인정 기준은 생계를 함께 하는지 여부, 소득요건, 나이요건 등 여러 요건을 충족해야 하며, 특히 자녀의 소득이 일정 수준 이상이어야 한다(2025년 기준 약 월 170만 원 이상). 세대분리 인정 시점부터 1년 전까지 소득 기준 충족 여부를 확인해야 한다.

부동산을 신탁하면 종합부동산세가 절세되는지?

부동산을 신탁하면 형식상 소유권이 분리되어 종합부동산세가 절세될까? 그렇지 않다.

수탁자의 명의로 등기 또는 등록된 신탁재산으로서 신탁주택의 경우에는 위탁자가 종합부동산세를 납부할 의무가 있으며, 이 경우 위탁자가 신탁주택을 소유한 것으로 본다.

● 신탁 부동산의 종합부동산세 납세의무자

과거에는 부동산을 신탁하면 신탁자(원 소유자)가 아닌 신탁법인 명의로 등기되어 종합부동산세 과세대상에서 빠지는 사례가 있었다. 이로 인해 일부에서 '종합부동산세 절세 수단'으로 신탁을 활용하는 편법이 발생했다.

하지만 2020년 세법 개정으로, 주택을 신탁에 맡기더라도 종합부동산세는 실질적 소유자인 신탁자에게 부과하도록 법이 강화되었다. 즉, 신탁등기 여부와 관계없이 실질 소유자가 종합부동산세 납세의무자가 된다.

이는 신탁을 통한 종합부동산세 회피를 차단하기 위한 조치로, 현재
는 신탁 설정만으로 종합부동산세 부담이 줄어들지 않는다.

● 신탁 부동산의 과세 실태 및 정부 대응

감사원 보고서에 따르면 2017~2019년 신탁 부동산이 종합부동산
세 과세대상에서 제외되면서 약 1,037억 원의 종합부동산세가 누락된
바 있으나, 이후 제도 개선으로 실소유자에게 과세가 이루어지고 있다.
지방세 측면에서 일부 세수 확대 효과가 있었으나, 종합부동산세 누락
문제를 완전히 해소하기 위해서는 실질 소유자 기준 과세가 필수적
이다.

● 신탁된 주택의 종합부동산세 합산배제 적용

신탁부동산의 재산세 및 종합부동산 납세의무자가 위탁자이므로 신
탁된 주택이 비록 수탁자 기준으로 합산배제 요건을 갖춘 경우에도 위
탁자가 종합부동산세 합산배제 대상에 포함되는지 논란이 있었다.

이에 기획재정부는 과세기준일 현재 수탁자인 신탁회사가 「민간임
대주택에 관한 특별법」 제2조 제7호에 따른 임대사업자 등록을 하고
「소득세법」 제168조 또는 「법인세법」 제111조에 따른 사업자등록을
한 경우로서 수탁자가 소유하고 있는 주택이 「종합부동산세법」 제8조
제2항 제1호 및 같은 법 시행령 제3조 제1항 제4호에 따른 요건을 갖
춘 경우 그 납세의무자인 위탁자의 종합부동산세 과세표준 합산대상에

서 제외하는 것이라고 해석하였다(기준-2025-법규재산-0003, 2025.5.15.).

이러한 해석에 따라 종래에 위탁자에게 부과된 주택분 종합부동산세의 경정청구가 활발히 일어날 것으로 예상된다.

◎ 2023년 국세기본법 개정 전

종합부동산세는 재산세와 마찬가지로 기본적으로 부과·고지하는 세목이다. 다만 일정한 요건을 갖춘 임대주택, 미분양주택 등과 주택건설사업자의 주택신축용 토지에 대하여는 원칙적으로 9월 16일부터 9월 30일까지 합산배제 신고하는 경우 종합부동산세에서 과세제외된다. 관련하여 대법원은 "합산배제 신고서를 제출하고 이를 반영한 납세고지서에 따른 종합부동산세를 아무런 이의 없이 납부하였으므로, 동일한 세액을 합산배제 신고 없이 신고·납부한 경우와 마찬가지로 통상의 경정청구를 할 수 있다"고 보았다(대법원 2018.6.15. 선고 2017두73068 판결). 판결에 따르면 "합산배제 신고를 하지 않고 종합부동산세가 부과된 이후 합산배제 대상 주택을 반영하여 종합부동산세를 신고·납부한 납세의무자도 통상의 경정청구를 할 수 있다"고 판시하였다.

따라서 납세자가 「종합부동산세법」 제8조 제2항 및 제3항에 따라 종합부동산세 합산배제 신고를 한 이후 그 신고한 내용에 변동이 없어 「종합부동산세법 시행령」 제4조 제4항 단서에 따라 종합부동산세 합산배제 신고를 하지 아니한 경우 그 신고하지 아니한 과세연도에 대해

「국세기본법」 제45조의2 제1항에 따른 경정청구가 가능하다고 유권해석(기획재정부 조세법령운용과-664, 2020.5.27.)한 바도 있다.

● 종합부동산세는 부과고지세목이지만 경정청구가 가능하다.

종합부동산세는 납세자가 직접 신고·납부하는 신고·납부세목이 아니라, 국세청이 과세표준과 세액을 산정하여 고지하는 부과고지세목이다. 그러나 2023년 세법 개정으로, 종합부동산세 납세자가 고지된 세액에 대해 과세표준 및 세액 산정 착오나 누락이 있다고 판단하는 경우 고지받은 날로부터 5년 이내에 경정청구를 할 수 있도록 법적 근거가 마련되었다. 이는 종합부동산세가 부과고지세목임에도 경정청구가 가능하도록 한 예외적 규정으로 실질적으로 납세자의 권리구제를 보장하기 위한 조치이다.

따라서 과거에 과오부과된 종합부동산세 이슈가 정리될 때마다 고지분 종합부동산세의 경정청구 제도가 빛을 발할 것으로 예상된다.

● 재산세 경정청구 개정도 필요

주의하여야 할 점은 재산세가 잘못 과세된 경우에는 구제받기 어렵다는 점이다. 종합부동산세는 재산세 과세내역에 기초하여 이후의 다툼에 대하여 불복을 진행할 수 있다. 기초가 되는 과세내역은 재산세에서 다루어져야 하므로 재산세를 90일 내에 이의신청하지 않으면 과세내역이 고착화 되어 종합부동산세 통상의 경정청구도 유명무실해진

다. 이에 따라 재산세 경정청구에 대한 입법논의도 활발히 진행되고
있다.

제**4**장

양도박사를 통한 종합부동산세 신고 실무사례

양도박사 프로그램을 이용한 종합부동산세 계산 및 신고

● 양도박사 프로그램 소개 및 실행방법

양도박사는 양도소득세, 상속세 및 증여세 등 재산제세를 쉽게 계산하고 신고서식을 간편하게 출력할 수 있는 프로그램이며, 종합부동산세에 대해서도 계산 및 신고가 가능하다. 네오아이시(www.neoic.com) 홈페이지에서 양도박사 프로그램을 다운로드하여 설치하고, 바탕화면에 생성된 양도박사 아이콘을 클릭하여 프로그램을 이용할 수 있다. 프로그램 이용환경 및 패턴에 따라 적합한 유형(양도박사 기본형, 클라우드, 클라우드 플러스)을 선택할 수 있으며, 정식 사용 등록 전이라도 설치 후 15일 동안 데모버전을 무료로 사용할 수 있다. 프로그램 이용 문의를 위한 네오아이시 고객센터(02-472-4710, 홈페이지 Q&A 게시판)가 운영되고 있으며, 다소 복잡하고 어려운 사례인 경우에도 원격지원을 통해 원활한 상담이 가능하다.

● 종합부동산세 자료 입력 및 신고서식 출력

양도박사 프로그램에서 종합부동산세 계산은 다음의 3단계로 진행된다.

① 납세자 등록 → ② 재산 등록 → ③ 세액 계산

납세자 등록 메뉴에서 납세자의 성명, 연락처, 주소 등의 기본정보를 입력하고 저장하면 납세자 목록에 등록된다. 납세자는 개인 또는 법인으로 구분되며 선택에 따라 입력사항 및 종합부동산세율이 다를 수 있으므로 잘 선택하도록 한다. 재산 등록 메뉴에서 '주택', '종합합산토지' 및 '별도합산토지' 중 선택하여 소유한 재산 정보를 등록한다. 재산별로 개별주택가격, 공동주택가격 및 개별공시지가 등 연도별 공시가격과 재산세 세부정보를 입력하고 저장한다. 다음연도 예상 공시가격을 입력하면 다음연도 종합부동산세 및 재산세 예상금액이 자동으로 계산되어 미래에 발생할 보유세도 예측할 수 있다. 종합부동산세 합산이 배제되거나 1주택 판단 및 세율 적용 시 주택 수에서 제외되는 주택은 해당 항목을 선택하여 세액 계산에 반영할 수 있다.

세액 계산 메뉴에서 재산 유형별로 연도별 종합부동산세 및 재산세 계산내역을 확인하고, 종합부동산세 신고서 및 부속서류 등을 출력할 수 있다. 프로그램을 통해 종합부동산세 정기 신고뿐만 아니라 수정신고 또는 경정청구도 가능하다.

종합합산토지 사례

개인 甲은 2025년 6월 1일(과세기준일) 현재 종합합산과세대상 나대지 1필지를 소유하고 있다.

○ 소유 토지 내용
 – 면적 : 1,000㎡
 – 2025년 개별공시지가 : 8,511,000원/㎡
 – 2024년 개별공시지가 : 8,171,000원/㎡

○ 개인 甲이 납부해야 할 종합부동산세

- 공시가격 : 1,000 × 8,511,000 = 8,511,000,000원

- 과세표준 : (8,511,000,000 – 500,000,000) × 100%

 = 8,011,000,000원

- 종합부동산세액 : 8,011,000,000 × 3% – 60,000,000

 = 180,330,000원

- 공제할 재산세액 : ① × ② / ③ = 28,038,500원

 ① 재산세액 : 8,511,000,000 × 70% × 0.5% – 250,000

 = 29,538,500원

② 과세표준 표준세율 재산세액 :

(8,511,000,000 - 500,000,000) × 100% × 70% × 0.5%

= 28,038,500원

③ 총 표준세율 재산세액 :

8,511,000,000 × 70% × 0.5% - 250,000 = 29,538,500원

- 종합부동산세 납부세액 : 180,330,000 - 28,038,500

= 152,291,500원

- 농어촌특별세 납부세액 : 152,291,500 × 20% = 30,458,300원

- 총 납부세액 : 152,291,500 + 30,458,300 = 182,749,800원

● 양도박사 프로그램을 통한 계산

납세자 등록 메뉴에서 기본적인 납세자 정보를 입력한 후 재산 등록 〉「종합합산토지」에서 소유한 토지 정보를 입력한다. 지방자치단체 관할구역에 있는 종합합산과세대상 토지의 가액을 모두 합한 금액을 과세표준으로 하여 재산세가 부과되므로, 소유한 종합합산과세대상 토지를 관할 시·군·구별로 구분하여 입력한다. 관할 시·군·구를 검색하여 선택하고, '토지 세부정보'에서 해당 관할구역에 소재한 토지의 소재지, 지목, 면적, 연도별 개별공시지가, 감면율 및 지분율 등을 입력한다. '재산세 세부정보'에 재산세 세부담상한금액의 정확한 계산을 위해 직전연도 재산세 납부세액을 입력하고 저장한다.

세액 계산 메뉴에서 해당연도 및 다음연도(예상 공시가격 입력 시)의 종합부동산세와 재산세 계산내역을 확인하고, 프로그램에서 제공

되는 상세한 계산근거를 바탕으로 세액을 검증할 수 있다. 종합부동산
세를 신고·납부방식으로 납부하고자 하는 경우 세액 계산 〉「종합부
동산세 서식 인쇄」에서 입력된 자료를 토대로 생성된 종합부동산세 신
고서 및 납부서 등을 출력할 수 있다.

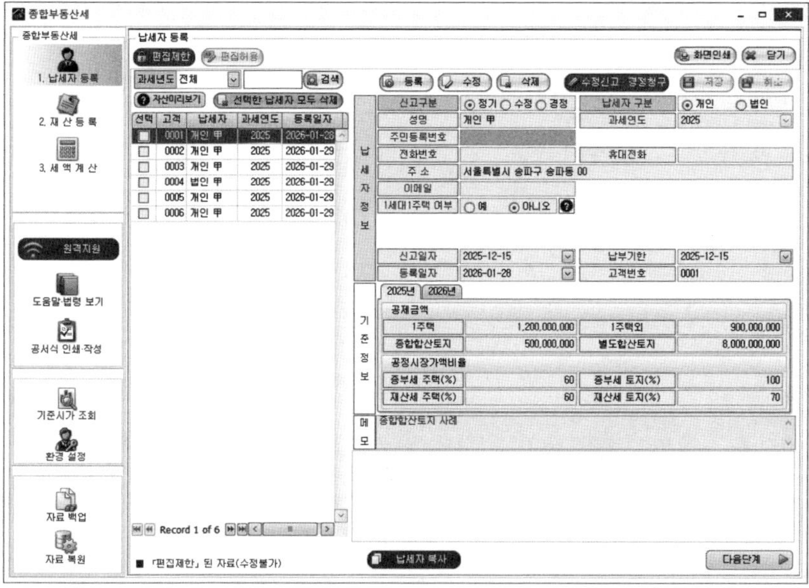

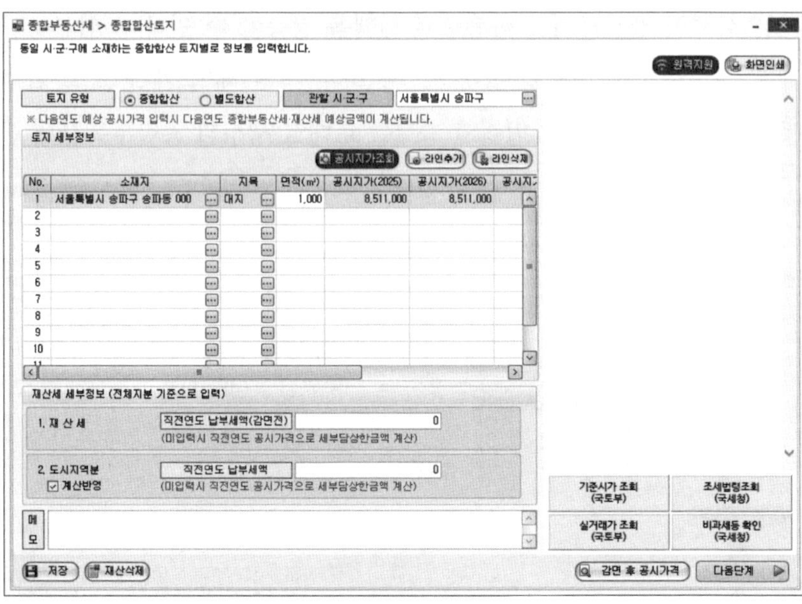

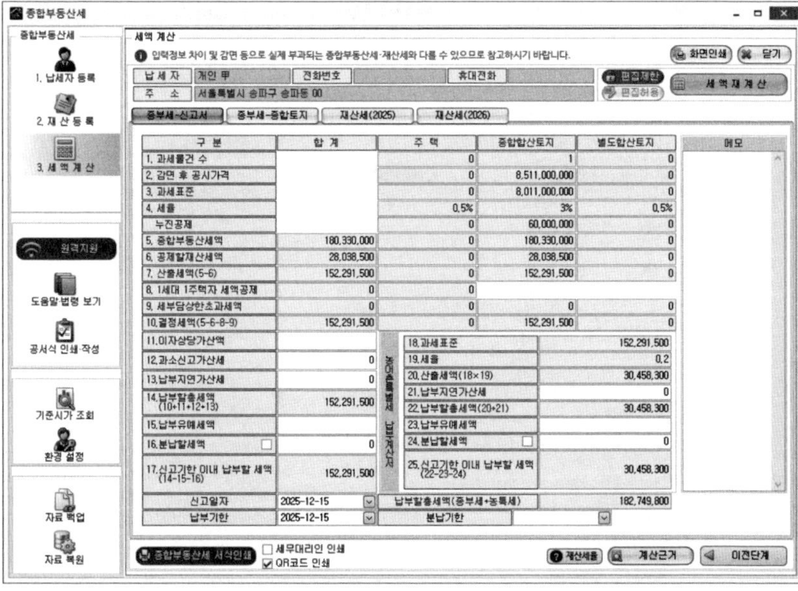

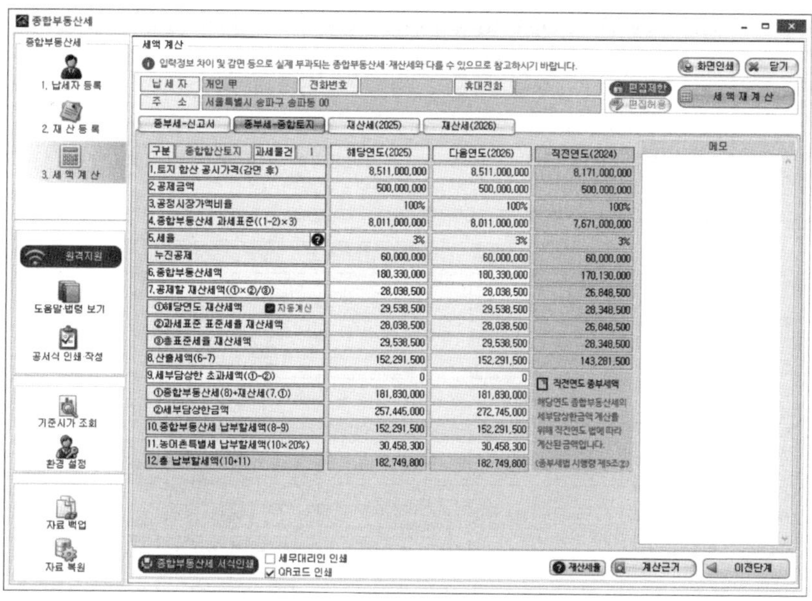

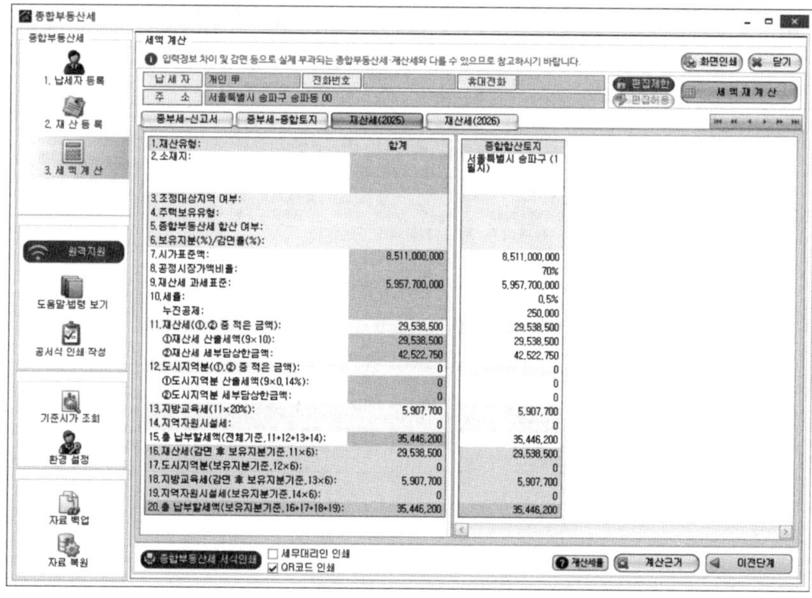

(2025년도)종합부동산세 신고서

[✓] 정기신고,　[　] 수정신고,　[　] 경정청구

관리번호	-

납세 의무자	성명(명칭)　개인 甲	주민등록번호(본점 사업자등록번호)
	주소(사무소)　서울특별시 송파구 송파동 00	법인등록번호(부동산등기용등록번호)
	전화번호	전자우편주소

세무 대리인	성명(상호)		사업자등록번호
	관리번호	생년월일	전화번호

구　분	합　계	주　택	종합합산토지	별도합산토지
① 과 세 물 건 수		0	1	0
② 감 면 후 공 시 가 격		0	8,511,000,000	0
③ 과 세 표 준		0	8,011,000,000	0
④ 세　　율			3%	
⑤ 종 합 부 동 산 세 액	180,330,000	0	180,330,000	0
⑥ 공 제 할 재 산 세 액	28,038,500	0	28,038,500	0
⑦ 산 출 세 액(⑤-⑥)	152,291,500	0	152,291,500	0
⑧ 1세대 1주택자 세액공제액	0	0		
⑨ 세부담상한초과세액	0	0	0	0
⑩ 결정세액(⑤-⑥-⑧-⑨)	152,291,500	0	152,291,500	0

구분	금액	농어촌특별세 납부계산서	금액
⑪ 이 자 상 당 가 산 액	0	⑱ 과 세 표 준 (⑩ + ⑪)	152,291,500
⑫ 과 소 신 고 가 산 세	0	⑲ 세　　율	20%
⑬ 납 부 지 연 가 산 세 (⑩ + ⑪ + ⑫ + ⑬)	0	⑳ 산 출 세 액 (⑱ × ⑲)	30,458,300
⑭ 납 부 할 총 세 액	152,291,500	㉑ 납 부 지 연 가 산 세	0
⑮ 납 부 유 예 세 액	0	㉒ 납 부 할 총 세 액 (⑳ + ㉑)	30,458,300
⑯ 분 납 할 세 액	0	㉓ 납 부 유 예 세 액	0
		㉔ 분 납 할 세 액	0
⑰ 신고기한 이내 납부할 세액 (⑭ - ⑮ - ⑯)	152,291,500	㉕ 신고기한 이내 납부할 세액 (㉒ - ㉓ - ㉔)	30,458,300

「종합부동산세법」 제16조(정기신고), 「국세기본법」 제45조(수정신고), 같은 법 제45조의3(기한 후 신고) 및 「농어촌특별세법」 제7조 제1항(신고·납부 등)에 따라 신고하며, 위 내용을 충분히 검토하였고 신고인이 알고 있는 사실 그대로 정확하게 적었음을 확인합니다.

2025년 12 월 15 일

신 　고 　인:　　　　개 인 甲　(서명 또는 인)

세무대리인은 조세전문자격자로서 위 신고서를 성실하고 공정하게 작성하였음을 확인합니다.

세 무 대 리 인:　　　　　　　(서명 또는 인)

송파 세무서장 귀하

제출 서류	1.종합부동산세 과세표준 계산명세서 1부 2.과세대상 물건명세서 1부 3.세부담 상한 초과세액 계산명세서(세부담 상한을 신청하는 경우로 한정합니다) 1부 4.합산배제 (변동)신고서, 1세대 1주택자 판단 시 주택 수 산정 제외 (변경)신청서, 세율 적용 시 주택 수 산정 제외 (변경)신청서, 법인 주택분 종합부동산세 일반 누진세율 적용 신고서, 1세대 1주택자 보유기간 계산 특례 (변경)신청서, 종합부동산세 공동명의 1주택자 특례 (변경)신청서, 주택분 종합부동산세액 납부유예 신청서(각각 해당하는 경우에만 제출합니다) 각 1부

■ 종합부동산세법 시행규칙 [별지 제31호서식 부표] <개정 2025. 3. 21.>

(2025년도)종합부동산세 과세표준 계산명세서

1. 납세의무자

성 명 (법인명 또는 단체명)	개인 甲	주민등록번호 (법인 등 사업자등록번호)	
주 소 (본 점 소 재 지)	서울특별시 송파구 송파동 00		

2. 과세표준 계산

구 분	주 택	종합합산토지	별도합산토지
① 과 세 물 건 수	0	1	0
② 감 면 후 공 시 가 격	0	8,511,000,000	0
③ 공 제 금 액	0	500,000,000	0
④ 공 정 시 장 가 액 비 율	60%	100%	100%
⑤ 종합부동산세 과 세 표 준 (② - ③) × ④	0	8,011,000,000	0
⑥ 해 당 연 도 재 산 세 액	0	29,538,500	0
⑦ 과 세 표 준 표 준 세 율 재 산 세 액	0	28,038,500	0
⑧ 총 표 준 세 율 재 산 세 액	0	29,538,500	0
⑨ 공 제 할 재 산 세 액 (⑥ × ⑦ / ⑧)	0	28,038,500	0

■ 종합부동산세법 시행규칙 [별지 제33호서식] < 신설 2025. 3. 21. >

(2025년도)종합합산토지분 과세대상 물건명세서(갑)

관할 시·군·구	서울특별시 송파구	납세의무자성명 (법인명또는단체명)	개인 甲	주민 등 록 번 호 (법인 등 사업자등록번호)	

(단위 : ㎡, 원)

구분	해 당 연 도 (2025 년)		직 전 연 도 (2024 년)	
	감면 후 공시가격	부과된 재산세액	감면 후 공시가격	① 표준세율 재산세액
합계	8,511,000,000	29,538,500	8,171,000,000	28,348,500

번호	소 재 지	② 지목	③ 공부면적	④ 과세면적	해 당 연 도 (2025 년)			직 전 연 도 (2024 년)	
					⑤ 개별공시 지가	⑥감면 후 공시가격	⑦부과된 재산세액	⑧ 개별공시지가	⑨ 감면 후 공시가격
1	서울특별시 송파구 송파동 000	대지	1,000	1,000	8,511,000	8,511,000,000	29,538,500	8,171,000	8,171,000,000

03 별도합산토지 사례

개인 甲은 2025년 6월 1일(과세기준일) 현재 별도합산과세대상인 건축물의 부속토지 1필지를 소유하고 있다.

○ 소유 토지 내용
 – 면적 : 1,000㎡
 – 2025년 개별공시지가 : 8,511,000원/㎡
 – 2024년 개별공시지가 : 8,171,000원/㎡

● 개인 甲이 납부해야 할 종합부동산세

- 공시가격 : 1,000 × 8,511,000 = 8,511,000,000원
- 과세표준 : (8,511,000,000 – 8,000,000,000) × 100%
  = 511,000,000원
- 종합부동산세액 : 511,000,000 × 0.5% = 2,555,000원
- 공제할 재산세액 : ① × ② / ③ = 1,430,800원
  ① 재산세액 : 8,511,000,000 × 70% × 0.4% – 1,200,000
  = 22,630,800원

② 과세표준 표준세율 재산세액 :

　　(8,511,000,000 - 8,000,000,000) × 100% × 70% × 0.4%

　　= 1,430,800원

③ 총 표준세율 재산세액 :

　　8,511,000,000 × 70% × 0.4% - 1,200,000 = 22,630,800원

- 종합부동산세 납부세액 : 2,555,000 - 1,430,800 = 1,124,200원

- 농어촌특별세 납부세액 : 1,124,200 × 20% = 224,840원

- 총 납부세액 : 1,124,200 + 224,840 = 1,349,040원

◉ 양도박사 프로그램을 통한 계산

납세자 등록 메뉴에서 기본적인 납세자 정보를 입력한 후 재산 등록 〉 「별도합산토지」에서 소유한 토지 정보를 입력한다. 지방자치단체 관할구역에 있는 별도합산과세대상 토지의 가액을 모두 합한 금액을 과세표준으로 하여 재산세가 부과되므로, 소유한 별도합산과세대상 토지를 관할 시·군·구별로 구분하여 입력한다. 관할 시·군·구를 검색하여 선택하고, '토지 세부정보'에서 해당 관할구역에 소재한 토지의 소재지, 지목, 면적, 연도별 개별공시지가, 감면율 및 지분율 등을 입력한다. '재산세 세부정보'에 재산세 세부담상한금액의 정확한 계산을 위해 직전연도 재산세 납부세액을 입력하고 저장한다.

세액 계산 메뉴에서 해당연도 및 다음연도(예상 공시가격 입력 시)의 종합부동산세와 재산세 계산내역을 확인하고, 프로그램에서 제공

되는 상세한 계산근거를 바탕으로 세액을 검증할 수 있다. 종합부동산세를 신고·납부방식으로 납부하고자 하는 경우 세액 계산 〉「종합부동산세 서식 인쇄」에서 입력된 자료를 토대로 생성된 종합부동산세 신고서 및 납부서 등을 출력할 수 있다.

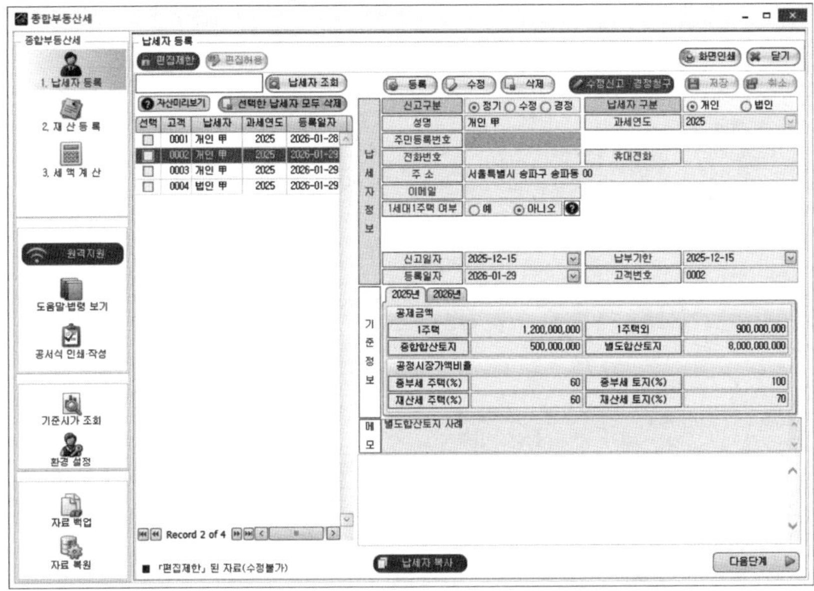

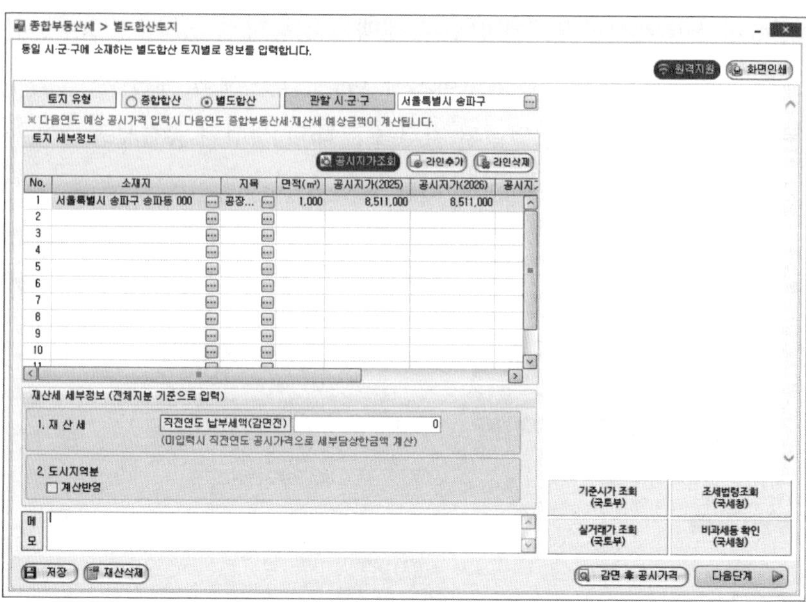

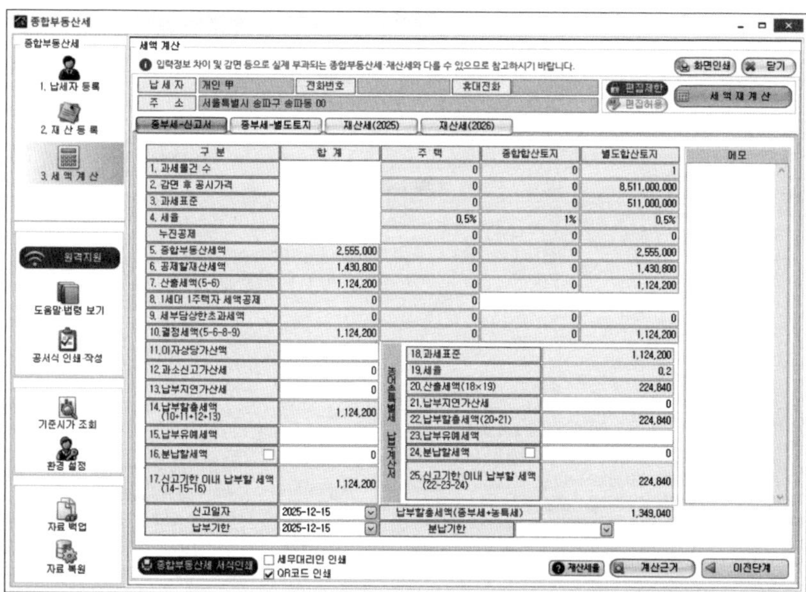

구 분	합 계	주 택	종합합산토지	별도합산토지	메모
1. 과세물건 수		0	0	1	
2. 감면 후 공시가격		0	0	8,511,000,000	
3. 과세표준		0	0	511,000,000	
4. 세율		0.5%	1%	0.5%	
누진공제		0	0		
5. 종합부동산세액	2,555,000	0	0	2,555,000	
6. 공제할재산세액	1,430,800	0	0	1,430,800	
7. 산출세액(5-6)	1,124,200	0	0	1,124,200	
8. 1세대 1주택자 세액공제	0	0			
9. 세부담상한초과세액	0		0	0	
10. 결정세액(5-6-8-9)	1,124,200	0	0	1,124,200	

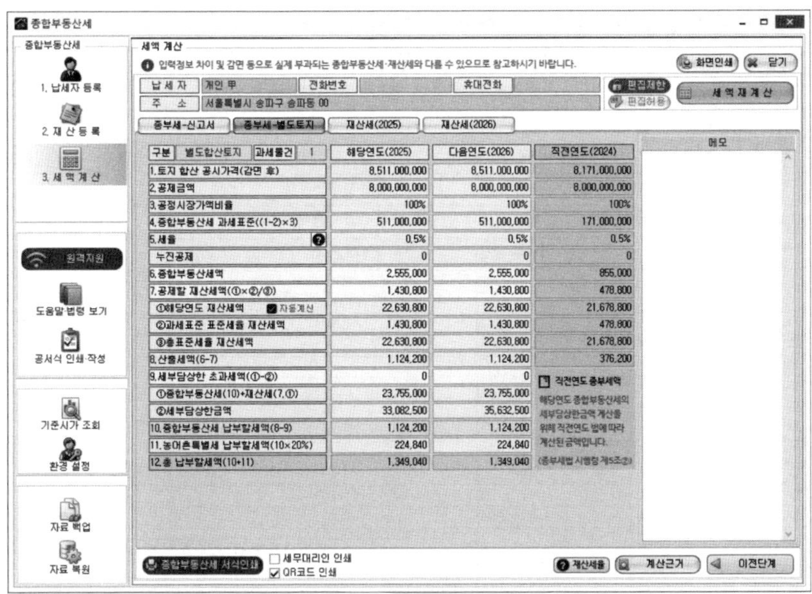

구분 별도합산토지 과세물건 1	해당연도(2025)	다음연도(2026)	직전연도(2024)
1.토지 합산 공시가격(감면 후)	8,511,000,000	8,511,000,000	8,171,000,000
2.공제금액	8,000,000,000	8,000,000,000	8,000,000,000
3.공정시장가액비율	100%	100%	100%
4.종합부동산세 과세표준((1-2)×3)	511,000,000	511,000,000	171,000,000
5.세율	0.5%	0.5%	0.5%
누진공제	0	0	0
6.종합부동산세액	2,555,000	2,555,000	855,000
7.공제할 재산세액(①×②/③)	1,430,800	1,430,800	478,800
①해당연도 재산세액 자동계산	22,630,800	22,630,800	21,678,800
②과세표준 표준세율 재산세액	1,430,800	1,430,800	478,800
③총표준세율 재산세액	22,630,800	22,630,800	21,678,800
8.산출세액(6-7)	1,124,200	1,124,200	376,200
9.세부담상한 초과세액(①-②)	0	0	
①종합부동산세(10)+재산세(7,①)	23,755,000	23,755,000	
②세부담상한금액	33,082,500	35,632,500	
10.종합부동산세 납부할세액(8-9)	1,124,200	1,124,200	
11.농어촌특별세 납부할세액(10×20%)	224,840	224,840	
12.총 납부할세액(10+11)	1,349,040	1,349,040	

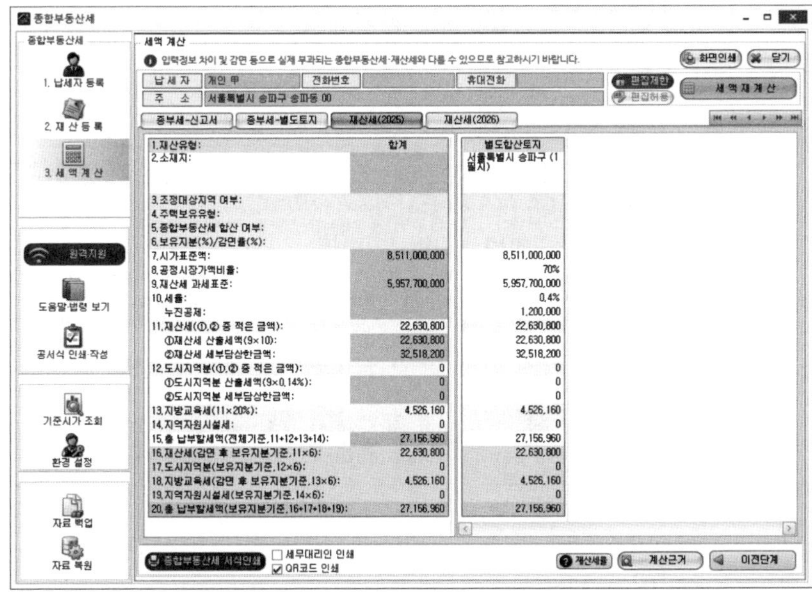

	합계	별도합산토지 서울특별시 송파구 (1필지)
1.재산유형:		
2.소재지:		
3.조정대상지역 여부:		
4.주택보유유형:		
5.종합부동산세 합산 여부:		
6.보유지분(%)/감면율(%):		
7.시가표준액:	8,511,000,000	8,511,000,000
8.공정시장가액비율:		70%
9.재산세 과세표준:	5,957,700,000	5,957,700,000
10.세율:		0.4%
누진공제:		1,200,000
11.재산세(①,② 중 적은 금액):	22,630,800	22,630,800
①재산세 산출세액(9×10):	22,630,800	22,630,800
②재산세 세부담상한금액:	32,518,200	32,518,200
12.도시지역분(①,② 중 적은 금액):	0	0
①도시지역분 산출세액(9×0.14%):	0	0
②도시지역분 세부담상한금액:	0	0
13.지방교육세(11×20%):	4,526,160	4,526,160
14.지역자원시설세:	0	0
15.총 납부할세액(전체기준,11+12+13+14):	27,156,960	27,156,960
16.재산세(감면 후 보유지분기준,11×6):	22,630,800	22,630,800
17.도시지역분(보유지분기준,12×6):	0	0
18.지방교육세(감면 후 보유지분기준,13×6):	4,526,160	4,526,160
19.지역자원시설세(보유지분기준,14×6):	0	0
20.총 납부할세액(보유지분기준,16+17+18+19):	27,156,960	27,156,960

(2025년도)종합부동산세 신고서

[✓] 정기신고, [　] 수정신고, [　] 경정청구

관리번호	-

납세 의무자	성명(명칭)　개인 甲	주민등록번호(본점 사업자등록번호)
	주소(사무소)　서울특별시 송파구 송파동 00	법인등록번호(부동산등기용등록번호)
	전화번호	전자우편주소

세무 대리인	성명(상호)		사업자등록번호
	관리번호	생년월일	전화번호

구　분	합　계	주　택	종합합산토지	별도합산토지
① 과 세 물 건 수			0	0	1
② 감 면 후 공 시 가 격			0	0	8,511,000,000
③ 과 세 표 준			0	0	511,000,000
④ 세　율					0.5%
⑤ 종 합 부 동 산 세 액	2,555,000	0	0	2,555,000
⑥ 공 제 할 재 산 세 액	1,430,800	0	0	1,430,800
⑦ 산 출 세 액(⑤-⑥)	1,124,200	0	0	1,124,200
⑧ 1세대 1주택자 세액공제액	0	0		
⑨ 세부담상한초과세액	0	0	0	0
⑩ 결정세액(⑤-⑥-⑧-⑨)	1,124,200	0	0	1,124,200

구　분	금액	농어촌특별세 납부계산서	금액
⑪ 이 자 상 당 가 산 액	0	⑱ 과 세 표 준 (⑩ + ⑪)	1,124,200
⑫ 과 소 신 고 가 산 세	0	⑲ 세　율	20%
⑬ 납 부 지 연 가 산 세 (⑪ + ⑪ + ⑫ + ⑬)	0	⑳ 산 출 세 액 (⑱ × ⑲)	224,840
⑭ 납 부 할 총 세 액	1,124,200	㉑ 납 부 지 연 가 산 세	0
⑮ 납 부 유 예 세 액	0	㉒ 납 부 할 총 세 액 (⑳ + ㉑)	224,840
⑯ 분 납 할 세 액	0	㉓ 납 부 유 예 세 액	0
		㉔ 분 납 할 세 액	0
⑰ 신고기한 이내 납부할 세액 (⑭ - ⑮ - ⑯)	1,124,200	㉕ 신고기한 이내 납부할 세액 (㉒ - ㉓ - ㉔)	224,840

「종합부동산세법」 제16조(정기신고), 「국세기본법」 제45조(수정신고), 같은 법 제45조의3(기한 후 신고) 및 「농어촌특별세법」 제7조 제1항(신고·납부 등)에 따라 신고하며, 위 내용을 충분히 검토하였고 신고인이 알고 있는 사실 그대로 정확하게 적었음을 확인합니다.

2025년 12 월 15 일

신　고　인:　　　　　　　　　　　개인 甲 (서명 또는 인)

세무대리인은 조세전문자격자로서 위 신고서를 성실하고 공정하게 작성하였음을 확인합니다.

세 무 대 리 인:　　　　　　　　　　　　(서명 또는 인)

송파 세무서장 귀하

제출 서류	1. 종합부동산세 과세표준 계산명세서 1부 2. 과세대상 물건명세서 1부 3. 세부담 상한 초과세액 계산명세서(세부담 상한을 신청하는 경우로 한정합니다) 1부 4. 합산배제 (변동)신고서, 1세대 1주택자 판단 시 주택 수 산정 제외 (변경)신청서, 세율 적용 시 주택 수 산정 제외 (변경)신청서, 법인 주택분 종합부동산세 일반 누진세율 적용 신고서, 1세대 1주택자 보유기간 계산 특례 (변경)신청서, 종합부동산세 공동명의 1주택자 특례 (변경)신청서, 주택분 종합부동산세액 납부유예 신청서(각각 해당하는 경우에만 제출합니다) 각 1부

(2025년도)종합부동산세 과세표준 계산명세서

1. 납세의무자

성 명 (법인명 또는 단체명)	개인 甲	주민등록번호 (법인 등 사업자등록번호)	
주 소 (본 점 소 재 지)	서울특별시 송파구 송파동 00		

2. 과세표준 계산

구 분	주 택	종합합산토지	별도합산토지
① 과 세 물 건 수	0	0	1
② 감 면 후 공 시 가 격	0	0	8,511,000,000
③ 공 제 금 액	0	0	8,000,000,000
④ 공 정 시 장 가 액 비 율	60%	100%	100%
⑤ 종 합 부 동 산 세 과 세 표 준 (② - ③) × ④	0	0	511,000,000
⑥ 해 당 연 도 재 산 세 액	0	0	22,630,800
⑦ 과 세 표 준 표 준 세 율 재 산 세 액	0	0	1,430,800
⑧ 총 표 준 세 율 재 산 세 액	0	0	22,630,800
⑨ 공 제 할 재 산 세 액 (⑥ × ⑦ / ⑧)	0	0	1,430,800

■ 종합부동산세법 시행규칙 [별지 제34호서식] <신설 2025. 3. 21.>

(2025년도)별도합산토지분 과세대상 물건명세서(갑)

관할 시·군·구	서울특별시 송파구	납세의무자성명 (법인명또는단체명)	개인 甲	주민등록번호 (법인 등 사업자등록번호)	

(단위: ㎡, 원)

구분	해 당 연 도(2025 년)		직 전 연 도(2024 년)	
	감면 후 공시가격	부과된 재산세액	감면 후 공시가격	① 표준세율 재산세액
합계	8,511,000,000	22,630,800	8,171,000,000	21,678,800

번호	소 재 지	② 지목	③ 공부면적	④ 과세면적	해 당 연 도(2025 년)			직 전 연 도(2024 년)	
					⑤ 개별공시 지가	⑥감면 후 공시가격	⑦부과된 재산세액	⑧ 개별공시지가	⑨ 감면 후 공시가격
1	서울특별시 송파구 송파동 000	공장용지	1,000	1,000	8,511,000	8,511,000,000	22,630,800	8,171,000	8,171,000,000

1세대 1주택 사례

개인 甲(1960년 1월生)은 2025년 6월 1일(과세기준일) 현재 아파트를 소유하고 있으며, 종합부동산세법상 1세대 1주택자에 해당된다.

○ 소유 주택 내용
 – 전용면적 : 84㎡
 – 취득일 : 2010년 1월 1일
 – 2025년 공동주택가격 : 1,750,000,000원
 – 2024년 공동주택가격 : 1,700,000,000원

● 개인 甲이 납부해야 할 종합부동산세

- 공시가격 : 1,750,000,000원
- 과세표준 : (1,750,000,000 – 1,200,000,000) × 60%
          = 330,000,000원
- 종합부동산세액 : 330,000,000 × 0.7% – 600,000
          = 1,710,000원
- 공제할 재산세액 : ① × ② / ③ = 594,000원
   ① 재산세액 : 1,750,000,000 × 45% × 0.4% – 630,000
          = 2,520,000원

② 과세표준 표준세율 재산세액 :

(1,750,000,000 - 1,200,000,000) × 60% × 45% × 0.4%

= 594,000원

③ 총 표준세율 재산세액 :

1,750,000,000 × 45% × 0.4% - 630,000 = 2,520,000원

- 종합부동산세 산출세액 : 1,710,000 - 594,000 = 1,116,000원

- 세액공제액 : ① + ② = 892,800원

① 고령자 공제 : 1,116,000 × 30% (만 65세) = 334,800원

② 장기보유자 공제 : 1,116,000 × 50% (15년 보유) = 558,000원

- 종합부동산세 납부세액 : 1,116,000 - 892,800 = 223,200원

- 농어촌특별세 납부세액 : 223,200 × 20% = 44,640원

- 총 납부세액 : 223,200 + 44,640 = 267,840원

● 양도박사 프로그램을 통한 계산

납세자 등록 메뉴에서 기본적인 납세자 정보를 입력한 후 '1세대 1주택 여부'를 "예"로 선택하고, 1세대 1주택자 세액공제액 계산을 위해 납세자의 생년월일과 해당 주택 취득일자를 입력한다. 「종합부동산세법」 제10조의2에 따른 공동명의 1주택자 특례를 적용하는 경우 배우자의 성명 및 주민등록번호를 추가로 입력한다.

재산 등록 〉「주택」을 선택하고, 소유한 주택의 소재지, 주택 유형, 면적, 지분율 및 연도별 공동주택가격 등을 입력한다. 소유한 주택이 1세대 1주택자 판단 및 종합부동산세율 적용을 위한 주택 수 계산에서

제외되는 주택일 때 해당 항목을 선택한다. '재산세 세부정보'에 재산세 세부담상한금액의 정확한 계산을 위해 직전연도 재산세 납부세액을 입력하고 저장한다.

세액 계산 메뉴에서 해당연도 및 다음연도(예상 공시가격 입력 시)의 종합부동산세와 재산세 계산내역을 확인하고, 프로그램에서 제공되는 상세한 계산근거를 바탕으로 세액을 검증할 수 있다. 종합부동산세를 신고·납부방식으로 납부하고자 하는 경우 세액 계산 〉「종합부동산세 서식 인쇄」에서 입력된 자료를 토대로 생성된 종합부동산세 신고서 및 납부서 등을 출력할 수 있다.

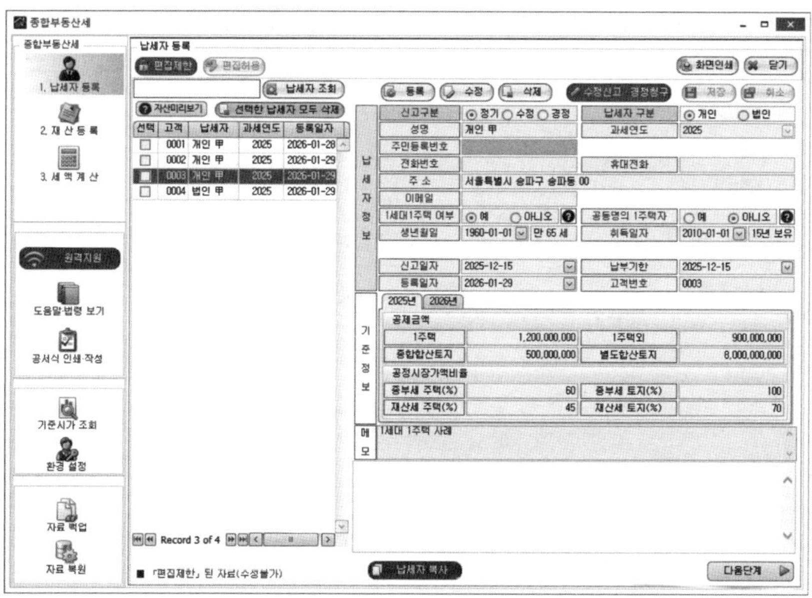

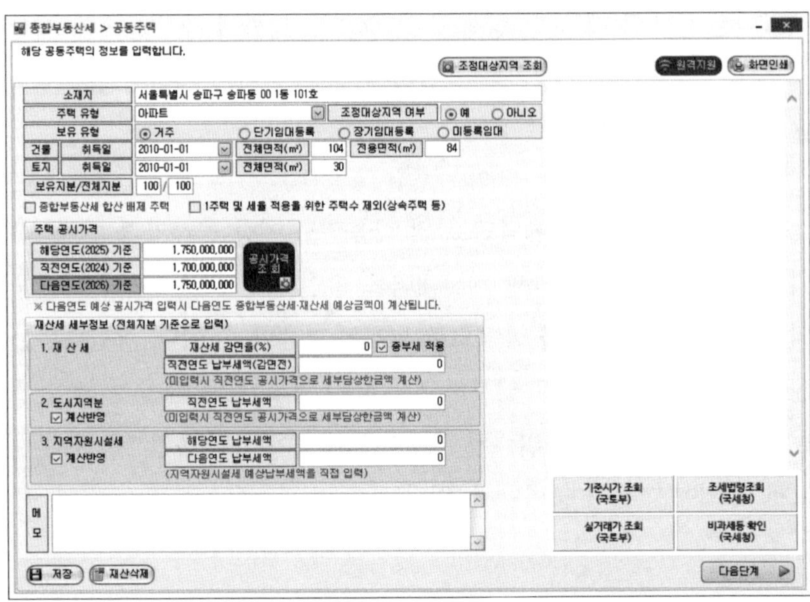

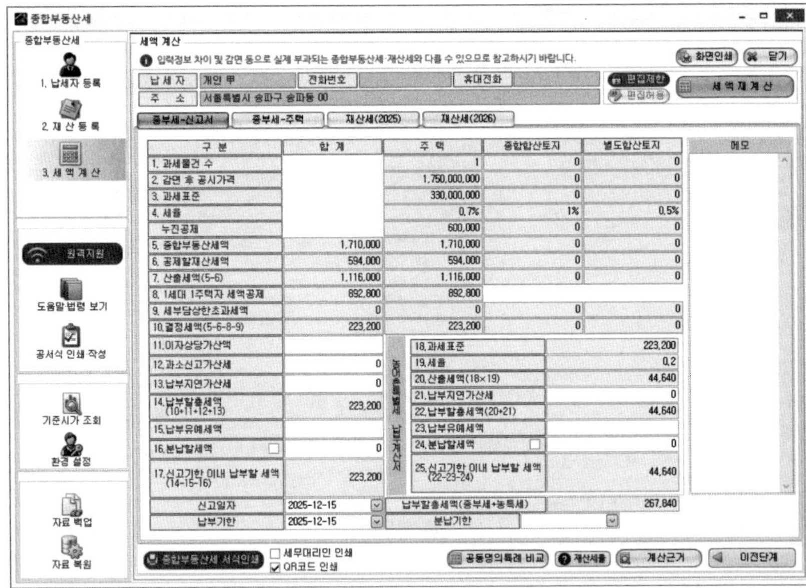

구 분	합 계	주 택	종합합산토지	별도합산토지
1. 과세물건 수		1	0	0
2. 감면 후 공시가격		1,750,000,000	0	0
3. 과세표준		330,000,000	0	0
4. 세율		0.7%	1%	0.5%
누진공제		600,000	0	0
5. 종합부동산세액	1,710,000	1,710,000	0	0
6. 공제할재산세액	594,000	594,000	0	0
7. 산출세액(5-6)	1,116,000	1,116,000	0	0
8. 1세대 1주택자 세액공제	892,800	892,800		
9. 세부담상한초과세액	0	0	0	0
10. 결정세액(5-6-8-9)	223,200	223,200	0	0

구 분	합 계		농어촌특별세 납부계산서	
11. 이자상당가산액			18. 과세표준	223,200
12. 과소신고가산세	0		19. 세율	0.2
13. 납부지연가산세	0		20. 산출세액(18×19)	44,640
14. 납부할총세액 (10+11+12+13)	223,200		21. 납부지연가산세	0
			22. 납부할총세액(20+21)	44,640
15. 납부유예세액			23. 납부유예세액	
16. 분납할세액	0		24. 분납할세액	0
17. 신고기한 이내 납부할 세액 (14-15-16)	223,200		25. 신고기한 이내 납부할 세액 (22-23-24)	44,640
신고일자	2025-12-15		납부할총세액(종부세+농특세)	267,840
납부기한	2025-12-15		분납기한	

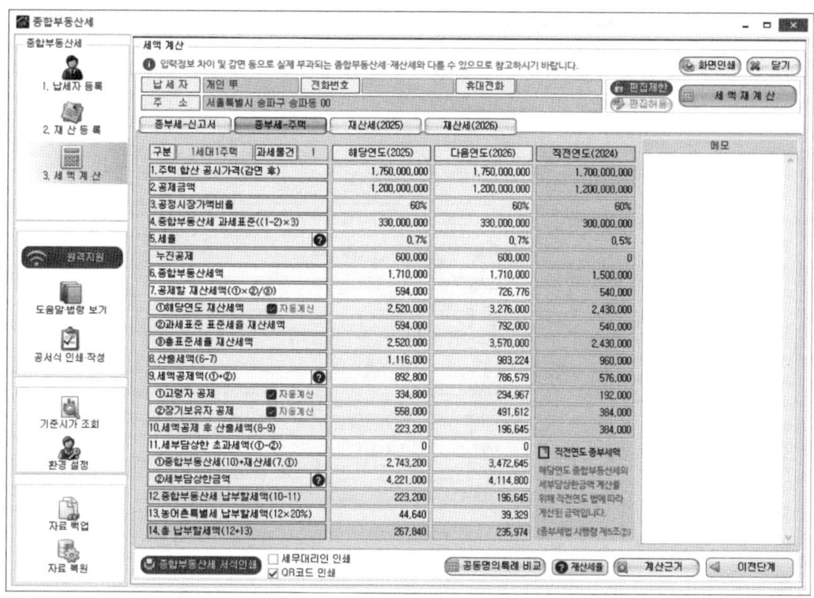

세액 계산

ⓘ 입력정보 차이 및 감면 등으로 실제 부과되는 종합부동산세·재산세와 다를 수 있으므로 참고하시기 바랍니다.

| 납세자 | 개인 甲 | 전화번호 | | 휴대전화 | |

주 소 | 서울특별시 송파구 송파동 00

종부세-신고서 | 종부세-주택 | 재산세(2025) | 재산세(2026)

구분 1세대1주택 과세물건 1	해당연도(2025)	다음연도(2026)	직전연도(2024)
1.주택 합산 공시가격(감면 후)	1,750,000,000	1,750,000,000	1,700,000,000
2.공제금액	1,200,000,000	1,200,000,000	1,200,000,000
3.공정시장가액비율	60%	60%	60%
4.종합부동산세 과세표준((1-2)×3)	330,000,000	330,000,000	300,000,000
5.세율	0.7%	0.7%	0.5%
누진공제	600,000	600,000	0
6.종합부동산세액	1,710,000	1,710,000	1,500,000
7.공제할 재산세액(①×②/③)	594,000	726,776	540,000
①해당연도 재산세액 ☑자동계산	2,520,000	3,276,000	2,430,000
②과세표준 표준세율 재산세액	594,000	792,000	540,000
③총표준세율 재산세액	2,520,000	3,570,000	2,430,000
8.산출세액(6-7)	1,116,000	983,224	960,000
9.세액공제액(①+②)	892,800	786,579	576,000
①고령자 공제 ☑자동계산	334,800	294,967	192,000
②장기보유자 공제 ☑자동계산	558,000	491,612	384,000
10.세액공제 후 산출세액(8-9)	223,200	196,645	384,000
11.세부담상한 초과세액(①-②)	0	0	
①종합부동산세(10)+재산세(7.①)	2,743,200	3,472,645	
②세부담상한금액	4,221,000	4,114,800	
12.종합부동산세 납부할세액(10-11)	223,200	196,645	
13.농어촌특별세 납부할세액(12×20%)	44,640	39,329	
14.총 납부할세액(12+13)	267,840	235,974	

직전연도 종부세액

해당연도 종합부동산세의 세부담상한금액 계산을 위해 직전연도 법에 따라 계산된 금액입니다.
(종부세법 시행령 제5조②)

□ 세무대리인 인쇄
☑ QR코드 인쇄

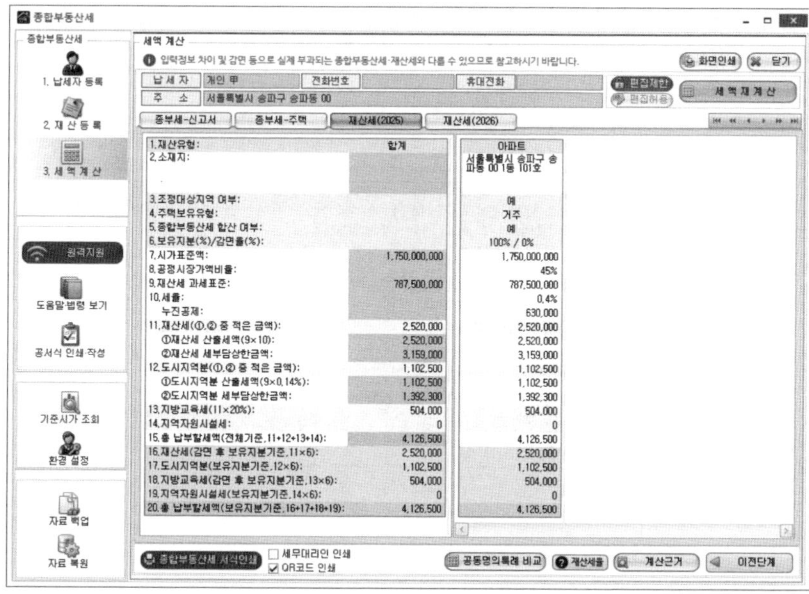

세액 계산

ⓘ 입력정보 차이 및 감면 등으로 실제 부과되는 종합부동산세·재산세와 다를 수 있으므로 참고하시기 바랍니다.

| 납세자 | 개인 甲 | 전화번호 | | 휴대전화 | |

주 소 | 서울특별시 송파구 송파동 00

종부세-신고서 | 종부세-주택 | 재산세(2025) | 재산세(2026)

	합계	아파트 서울특별시 송파구 송파동 00 1동 101호
1.재산유형:		
2.소재지:		
3.조정대상지역 여부:		예
4.주택보유유형:		거주
5.종합부동산세 합산 여부:		예
6.보유지분(%)/감면율(%):		100% / 0%
7.시가표준액:	1,750,000,000	1,750,000,000
8.공정시장가액비율:		45%
9.재산세 과세표준:	787,500,000	787,500,000
10.세율:		0.4%
누진공제:		630,000
11.재산세(①,② 중 적은 금액):	2,520,000	2,520,000
①재산세 산출세액(9×10):	2,520,000	2,520,000
②재산세 세부담상한금액:	3,159,000	3,159,000
12.도시지역분(①,② 중 적은 금액):	1,102,500	1,102,500
①도시지역분 산출세액(9×0.14%):	1,102,500	1,102,500
②도시지역분 세부담상한금액:	1,392,300	1,392,300
13.지방교육세(11×20%):	504,000	504,000
14.지역자원시설세:	0	0
15.총 납부할세액(전체기준,11+12+13+14):	4,126,500	4,126,500
16.재산세(감면 후 보유지분기준,11×6):	2,520,000	2,520,000
17.도시지역분(보유지분기준,12×6):	1,102,500	1,102,500
18.지방교육세(감면 후 보유지분기준,13×6):	504,000	504,000
19.지역자원시설세(보유지분기준,14×6):	0	0
20.총 납부할세액(보유지분기준,16+17+18+19):	4,126,500	4,126,500

□ 세무대리인 인쇄
☑ QR코드 인쇄

(2025년도)종합부동산세 신고서

[✓] 정기신고, [   ] 수정신고, [   ] 경정청구

관리번호	-

납세 의무자	성명(명칭) 개인 甲	주민등록번호(본점 사업자등록번호)
	주소(사무소) 서울특별시 송파구 송파동 00	법인등록번호(부동산등기용등록번호)
	전화번호	전자우편주소

세무 대리인	성명(상호)		사업자등록번호
	관리번호	생년월일	전화번호

구 분	합 계	주 택	종합합산토지	별도합산토지
① 과 세 물 건 수		1	0	0
② 감 면 후 공 시 가 격		1,750,000,000	0	0
③ 과 세 표 준		330,000,000	0	0
④ 세 율		0.7%		
⑤ 종 합 부 동 산 세 액	1,710,000	1,710,000	0	0
⑥ 공 제 할 재 산 세 액	594,000	594,000	0	0
⑦ 산 출 세 액(⑤-⑥)	1,116,000	1,116,000	0	0
⑧ 1세대 1주택자 세액공제액	892,800	892,800		
⑨ 세부담상한초과세액	0	0	0	0
⑩ 결정세액(⑤-⑥-⑧-⑨)	223,200	223,200	0	0

			농어촌특별세 납부계산서	
⑪ 이 자 상 당 가 산 액	0	⑱ 과 세 표 준 (⑩ + ⑪)	223,200
⑫ 과 소 신 고 가 산 세	0	⑲ 세 율	20%
⑬ 납 부 지 연 가 산 세 (⑩ + ⑪ + ⑫ + ⑬)	0	⑳ 산 출 세 액 (⑱ × ⑲)	44,640
⑭ 납 부 할 총 세 액	223,200	㉑ 납 부 지 연 가 산 세	0
⑮ 납 부 유 예 세 액	0	㉒ 납 부 할 총 세 액 (⑳ + ㉑)	44,640
⑯ 분 납 할 세 액	0	㉓ 납 부 유 예 세 액	0
		㉔ 분 납 할 세 액	0
⑰ 신고기한 이내 납부할 세액 (⑭ - ⑮ - ⑯)	223,200	㉕ 신고기한 이내 납부할 세액 (㉒ - ㉓ - ㉔)	44,640

「종합부동산세법」 제16조(정기신고), 「국세기본법」 제45조(수정신고), 같은 법 제45조의3(기한 후 신고) 및 「농어촌특별세법」 제7조 제1항(신고·납부 등)에 따라 신고하며, 위 내용을 충분히 검토하였고 신고인이 알고 있는 사실 그대로 정확하게 적었음을 확인합니다.

2025년 12 월 15 일

신 고 인:　　　　　　　개인 甲 (서명 또는 인)

세무대리인은 조세전문자격자로서 위 신고서를 성실하고 공정하게 작성하였음을 확인합니다.

세 무 대 리 인:　　　　　　　(서명 또는 인)

송파 세무서장 귀하

제출 서류	1.종합부동산세 과세표준 계산명세서 1부 2.과세대상 물건명세서 1부 3.세부담 상한 초과세액 계산명세서(세부담 상한을 신청하는 경우로 한정합니다) 1부 4.합산배제 (변동)신고서, 1세대 1주택자 판단 시 주택 수 산정 제외 (변경)신청서, 세율 적용 시 주택 수 산정 제외 (변경)신청서, 법인 주택분 종합부동산세 일반 누진세율 적용 신고서, 1세대 1주택자 보유기간 계산 특례 (변경)신청서, 종합부동산세 공동명의 1주택자 특례 (변경)신청서, 주택분 종합부동산세액 납부유예 신청서(각각 해당하는 경우에만 제출합니다) 각 1부

(2025년도)종합부동산세 과세표준 계산명세서

1. 납세의무자

성 명 (법 인 명 또 는 단 체 명)	개인 甲	주민등록번호 (법 인 등 사 업 자 등 록 번 호)	
주 점 소 재 소 (본 점 소 재 지)	서울특별시 송파구 송파동 00		

2. 과세표준 계산

구 분	주 택	종합합산토지	별도합산토지
① 과 세 물 건 수	1	0	0
② 감 면 후 공 시 가 격	1,750,000,000	0	0
③ 공 제 금 액	1,200,000,000	0	0
④ 공 정 시 장 가 액 비 율	60%	100%	100%
⑤ 종 합 부 동 산 세 과 세 표 준 (② - ③) × ④	330,000,000	0	0
⑥ 해 당 연 도 재 산 세 액	2,520,000	0	0
⑦ 과 세 표 준 표 준 세 율 재 산 세 액	594,000	0	0
⑧ 총 표 준 세 율 재 산 세 액	2,520,000	0	0
⑨ 공 제 할 재 산 세 액 (⑥ × ⑦ / ⑧)	594,000	0	0

■ 종합부동산세법 시행규칙 [별지 제32호서식] <신설 2025. 3. 21.>

(2025년도)주택분 과세대상 물건명세서(갑)

납세의무자성명 (법인명또는단체명)	개인 甲		주민등록번호 (법인 등 사업자등록번호)		
① 1세대 1주택자	[√] 여 [ ] 부		② 공동명의 1주택자 특례		[ ] 여 [√] 부
③ 배우자 성명			배우자 주민등록번호		
④ 주택 수 제외 특례 신청	[ ] 1세대1주택자 판단 시 [ ] 세율 적용 시 [√] 해당없음		⑤ 법인 세율 구분		[ ] 단일세율 [ ] 일반 누진세율 (법인 구분:)
			⑥ 세율 적용 구분		[√] 기본세율 [ ] 중과세율

(단위: m², 원)

구분	해 당 연 도(2025년)		직 전 연 도(2024년)	
	감면 후 공시가격	부과된 재산세액	감면 후 공시가격	표준세율 재산세액
합계	1,750,000,000	2,520,000	1,700,000,000	2,430,000

번호	소재지	취득일	⑦ 총면적	⑧ 지분율	⑨ 전용면적	해 당 연 도(2025년)			직 전 연 도(2024년)		
		토지	토지	토지	⑩ 주택유형	⑪ 토지 시가표준액	⑬ 공시가격	⑮ 감면 후 공시가격	⑯ 재산세 공정시장 가액비율	⑱ 토지 시가표준액	㉑ 감면 후 공시가격
		건물	건물	건물		⑫ 건물 시가표준액	⑭ 감면율	⑰ 부과된 재산세액		⑲ 건물 시가표준액 ⑳ 공시가격	㉒ 표준세율 재산세액
1	서울특별시 송파구 송파동 00 1동 101호	2010-01-01	30	100%	84		1,750,000,000	1,750,000,000	45%		1,700,000,000
		2010-01-01	104	100%	아파트			2,520,000		1,700,000,000	2,430,000

다주택 중과 사례

법인 甲은 2025년 6월 1일(과세기준일) 현재 아파트 3채를 소유하고 있으며, 종합부동산세법상 일반 누진세율이 적용되는 법인에 해당되지 않는다.

○ 소유 주택 내용(3채 모두 동일)
 – 전용면적 : 84㎡
 – 취득일 : 2010년 1월 1일
 – 2025년 공동주택가격 : 1,750,000,000원
 – 2024년 공동주택가격 : 1,700,000,000원

● 법인 甲이 납부해야 할 종합부동산세

- 공시가격(합산) : 1,750,000,000 × 3 = 5,250,000,000원

- 과세표준 : 5,250,000,000 × 60% = 3,150,000,000원

- 종합부동산세액 : 3,150,000,000 × 5% = 157,500,000원

- 공제할 재산세액 : ① × ② / ③ = 6,200,526원

 ① 재산세액 : (1,750,000,000 × 60% × 0.4% – 630,000) × 3

      = 10,710,000원

 ② 과세표준 표준세율 재산세액 :

$$5{,}250{,}000{,}000 \times 60\% \times 60\% \times 0.4\% - 630{,}000$$

$$= 6{,}930{,}000원$$

③ 총 표준세율 재산세액 :

$$5{,}250{,}000{,}000 \times 60\% \times 0.4\% - 630{,}000 = 11{,}970{,}000원$$

- 종합부동산세 산출세액 : 157,500,000 - 6,200,526

$$= 151{,}299{,}474원$$

- 농어촌특별세 납부세액 : 151,299,474 × 20%

$$= 30{,}259{,}894원$$

- 총 납부세액 : 151,299,474 + 30,259,894 = 181,559,368원

● 양도박사 프로그램을 통한 계산

납세자 등록 메뉴에서 기본적인 납세자 정보를 입력한 후 「종합부동산세법」 제9조 제2항 제1·2호에 따른 일반 누진세율이 적용되는 법인에 해당되지 않는다면 '세율 구분'을 "단일세율"로 선택한다.

재산 등록 〉 「주택」을 선택하고, 소유한 주택의 소재지, 주택 유형, 면적, 지분율 및 연도별 공동주택가격 등을 입력한다. 소유한 주택이 종합부동산세율 적용을 위한 주택 수 계산에서 제외되는 주택일 때 해당 항목을 선택한다. '재산세 세부정보'에 재산세 세부담상한금액의 정확한 계산을 위해 직전연도 재산세 납부세액을 입력하고 저장한다. 납세자가 소유한 아파트 3채를 순차적으로 등록하되, 각 재산 내용이 유사한 경우 「재산 복사본 만들기」 기능을 활용하여 효율적으로 여러 재산을 등록할 수 있다.

　세액 계산 메뉴에서 해당연도 및 다음연도(예상 공시가격 입력 시)의 종합부동산세와 재산세 계산내역을 확인하고, 프로그램에서 제공되는 상세한 계산근거를 바탕으로 세액을 검증할 수 있다. 종합부동산세를 신고·납부방식으로 납부하고자 하는 경우 세액 계산 〉「종합부동산세 서식 인쇄」에서 입력된 자료를 토대로 생성된 종합부동산세 신고서 및 납부서 등을 출력할 수 있다.

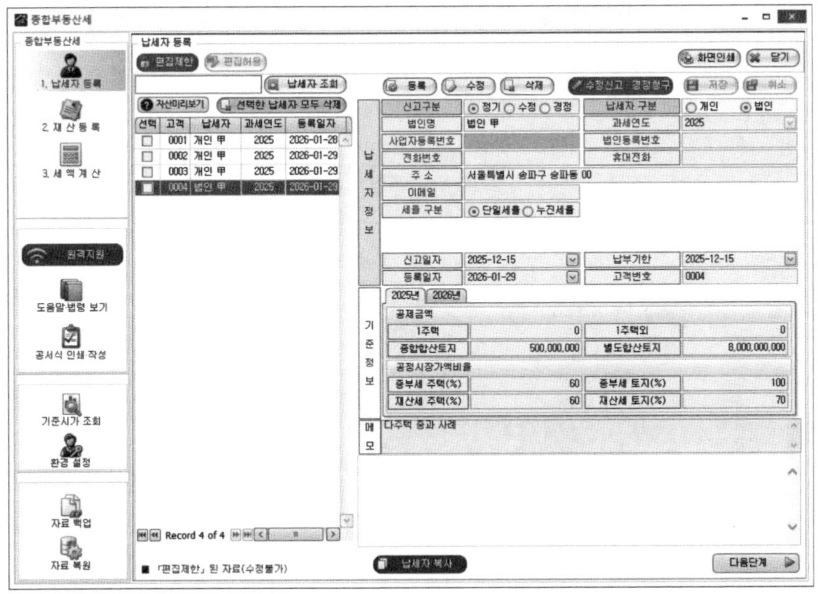

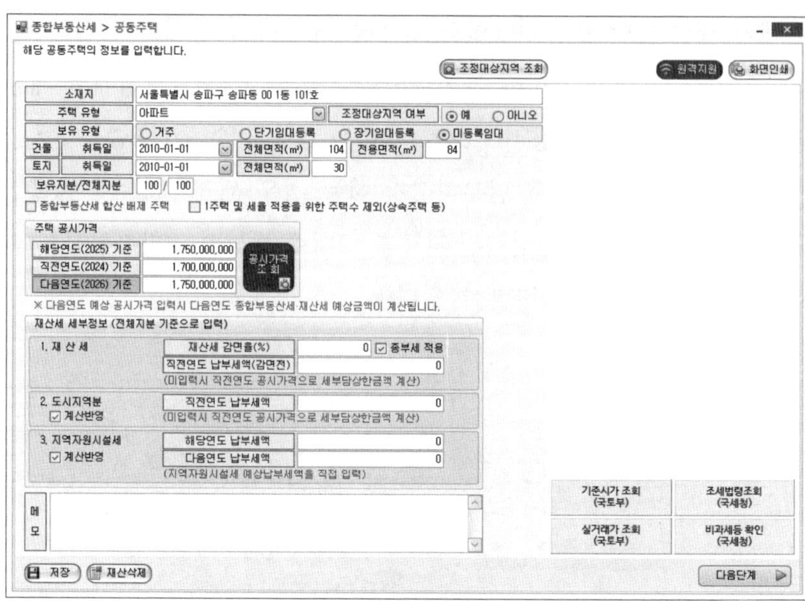

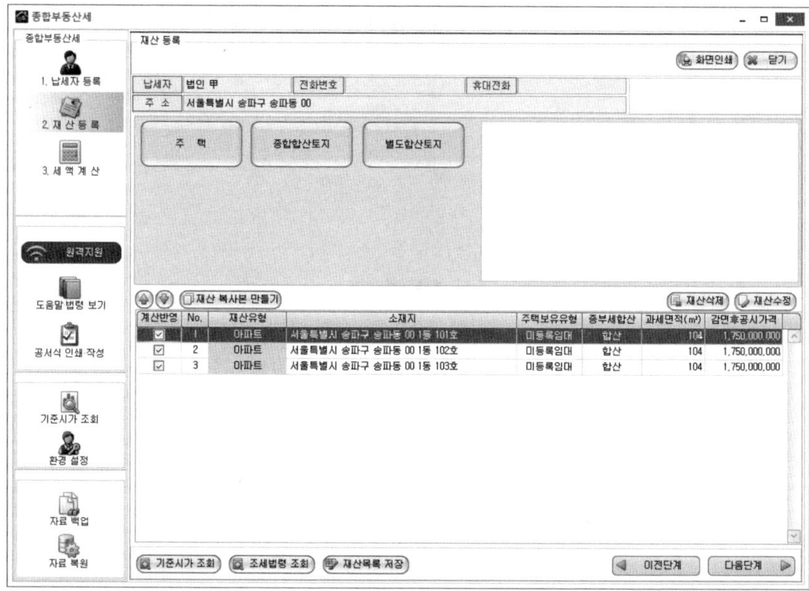

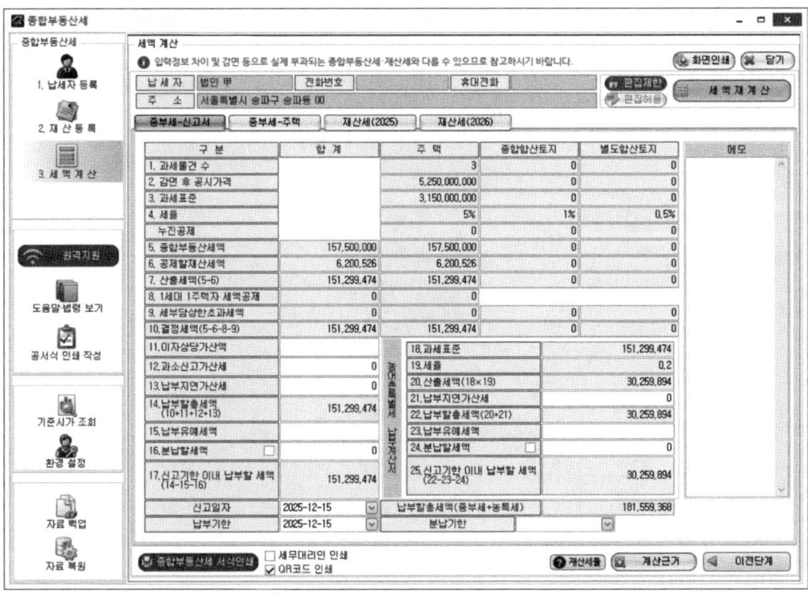

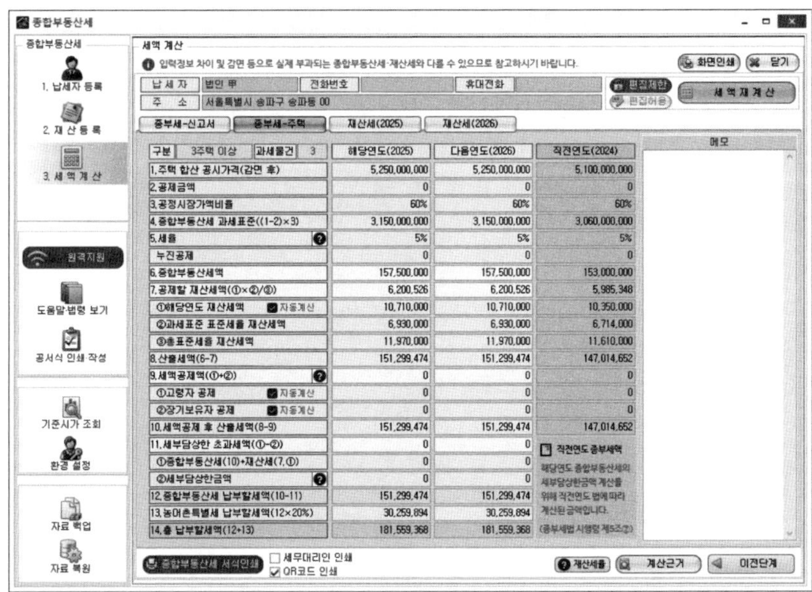

	합계	아파트 서울특별시 송파구 송파동 00 1동 101호	아파트 서울특별시 송파구 송파동 00 1동 102호	아파트 서울특별시 송파구 송파동 00 1동 103호
1.재산유형:				
2.소재지:				
3.조정대상지역 여부:		예	예	예
4.주택보유유형:		미등록임대	미등록임대	미등록임대
5.종합부동산세 합산 여부:		예	예	예
6.보유지분(%)/감면율(%):		100% / 0%	100% / 0%	100% / 0%
7.시가표준액:	5,250,000,000	1,750,000,000	1,750,000,000	1,750,000,000
8.공정시장가액비율:		60%	60%	60%
9.재산세 과세표준:	3,150,000,000	1,050,000,000	1,050,000,000	1,050,000,000
10.세율:		0.4%	0.4%	0.4%
누진공제:		630,000	630,000	630,000
11.재산세(①,② 중 적은 금액):	10,710,000	3,570,000	3,570,000	3,570,000
①재산세 산출세액(9×10):	10,710,000	3,570,000	3,570,000	3,570,000
②재산세 세부담상한금액:	13,455,000	4,485,000	4,485,000	4,485,000
12.도시지역분(①,② 중 적은 금액):	4,410,000	1,470,000	1,470,000	1,470,000
①도시지역분 산출세액(9×0.14%):	4,410,000	1,470,000	1,470,000	1,470,000
②도시지역분 세부담상한금액:	5,569,200	1,856,400	1,856,400	1,856,400
13.지방교육세(11×20%):	2,142,000	714,000	714,000	714,000
14.지역자원시설세:	0	0	0	0
15.총 납부할세액(전체기준,11+12+13+14):	17,262,000	5,754,000	5,754,000	5,754,000
16.재산세(감면 후 보유지분기준,11×6):	10,710,000	3,570,000	3,570,000	3,570,000
17.도시지역분(보유지분기준,12×6):	4,410,000	1,470,000	1,470,000	1,470,000
18.지방교육세(감면 후 보유지분기준,13×6):	2,142,000	714,000	714,000	714,000
19.지역자원시설세(보유지분기준,14×6):	0	0	0	0
20.총 납부할세액(보유지분기준,16+17+18+19):	17,262,000	5,754,000	5,754,000	5,754,000

(2025년도)종합부동산세 신고서

[✓] 정기신고, [ ] 수정신고, [ ] 경정청구

관리번호	-

납세 의무자	성명(명칭) 법인 甲		주민등록번호(본점 사업자등록번호)
	주소(사무소) 서울특별시 송파구 송파동 00		법인등록번호(부동산등기용등록번호)
	전화번호		전자우편주소
세무 대리인	성명(상호)		사업자등록번호
	관리번호	생년월일	전화번호

구 분	합 계	주 택	종합합산토지	별도합산토지
① 과 세 물 건 수		3	0	0
② 감 면 후 공시가격		5,250,000,000	0	0
③ 과 세 표 준		3,150,000,000	0	0
④ 세 율		5%		
⑤ 종 합 부 동 산 세 액	157,500,000	157,500,000	0	0
⑥ 공 제 할 재 산 세 액	6,200,526	6,200,526	0	0
⑦ 산 출 세 액(⑤-⑥)	151,299,474	151,299,474	0	0
⑧ 1세대 1주택자 세액공제액	0	0		
⑨ 세부담상한초과세액	0	0	0	0
⑩ 결정세액(⑤-⑥-⑧-⑨)	151,299,474	151,299,474	0	0

구 분	금액	농어촌특별세 납부계산서	
⑪ 이 자 상 당 가 산 액	0	⑱ 과 세 표 준 (⑩ + ⑪)	151,299,474
⑫ 과 소 신 고 가 산 세	0	⑲ 세 율	20%
⑬ 납 부 지 연 가 산 세 (⑩ + ⑪ + ⑫ + ⑬)	0	⑳ 산 출 세 액 (⑱ × ⑲)	30,259,894
⑭ 납 부 할 총 세 액	151,299,474	㉑ 납 부 지 연 가 산 세	0
⑮ 납 부 유 예 세 액	0	㉒ 납 부 할 총 세 액 (⑳ + ㉑)	30,259,894
⑯ 분 납 할 세 액	0	㉓ 납 부 유 예 세 액	0
		㉔ 분 납 할 세 액	0
⑰ 신고기한 이내 납부할 세액 (⑭ - ⑮ - ⑯)	151,299,474	㉕ 신고기한 이내 납부할 세액 (㉒ - ㉓ - ㉔)	30,259,894

「종합부동산세법」 제16조(정기신고), 「국세기본법」 제45조(수정신고), 같은 법 제45조의3(기한 후 신고) 및 「농어촌특별세법」 제7조 제1항(신고·납부 등)에 따라 신고하며, 위 내용을 충분히 검토하였고 신고인이 알고 있는 사실 그대로 정확하게 적었음을 확인합니다.

2025년 12 월 15 일

신 고 인:　　　　　　법인 甲 (서명 또는 인)

세무대리인은 조세전문자격자로서 위 신고서를 성실하고 공정하게 작성하였음을 확인합니다.

세 무 대 리 인:　　　　　　(서명 또는 인)

송파 세무서장 귀하

제출 서류	1.종합부동산세 과세표준 계산명세서 1부 2.과세대상 물건명세서 1부 3.세부담 상한 초과세액 계산명세서(세부담 상한을 신청하는 경우로 한정합니다) 1부 4.합산배제 (변동)신고서, 1세대 1주택자 판단 시 주택 수 산정 제외 (변경)신청서, 세율 적용 시 주택 수 산정 제외 (변경)신청서, 법인 주택분 종합부동산세 일반 누진세율 적용 신고서, 1세대 1주택자 보유기간 계산 특례 (변경)신청서, 종합부동산세 공동명의 1주택자 특례 (변경)신청서, 주택분 종합부동산세액 납부유예 신청서(각각 해당하는 경우에만 제출합니다) 각 1부

(2025년도)종합부동산세 과세표준 계산명세서

1. 납세의무자

성 명 (법인명 또는 단체명)	법인 甲	주민등록번호 (법인 등 사업자등록번호)	
주 소 (본 점 소 재 지)	서울특별시 송파구 송파동 00		

2. 과세표준 계산

구 분	주 택	종합합산토지	별도합산토지
① 과 세 물 건 수	3	0	0
② 감 면 후 공 시 가 격	5,250,000,000	0	0
③ 공 제 금 액	0	0	0
④ 공 정 시 장 가 액 비 율	60%	100%	100%
⑤ 종합부동산세 과 세 표 준 (② - ③) × ④	3,150,000,000	0	0
⑥ 해 당 연 도 재 산 세 액	10,710,000	0	0
⑦ 과 세 표 준 표 준 세 율 재 산 세 액	6,930,000	0	0
⑧ 총 표 준 세 율 재 산 세 액	11,970,000	0	0
⑨ 공 제 할 재 산 세 액 (⑥ × ⑦ / ⑧)	6,200,526	0	0

■ 종합부동산세법 시행규칙 [별지 제32호서식] <신설 2025. 3. 21.>

(2025년도)주택분 과세대상 물건명세서(갑)

납세의무자성명 (법인명또는단체명)	법인 甲		주 민 등 록 번 호 (법인 등 사업자등록번호)		
① 1세대 1주택자	[ ] 여 [✓] 부		② 공동명의 1주택자 특례	[ ] 여 [✓] 부	
③ 배우자 성명			배우자 주민등록번호		
④ 주택 수 제외 특례 신청	[ ] 1세대1주택자 판단 시 [ ] 세율 적용 시 [✓] 해당없음		⑤ 법인 세율 구분	[✓] 단일세율 [ ] 일반 누진세율 (법인 구분:　　　)	
			⑥ 세율 적용 구분	[ ] 기본세율 [✓] 중과세율	

(단위: ㎡, 원)

구분	해 당 연 도(2025년)		직 전 연 도(2024년)	
	감면 후 공시가격	부과된 재산세액	감면 후 공시가격	표준세율 재산세액
합계	5,250,000,000	10,710,000	5,100,000,000	10,350,000

번호	소 재 지	취득일	⑦총면적	⑧지분율	⑨전용면적	⑪토지시가표준액	⑬공시가격	⑮감면 후 공시가격	⑯재산세 공정시장가액비율	⑱토지시가표준액	⑳공시가격	㉑감면 후 공시가격
			토지	토지	⑩주택유형	⑫건물시가표준액	⑭감면율	⑰부과된 재산세액		⑲건물시가표준액		㉒표준세율 재산세액
		건물	건물	건물								
1	서울특별시 송파구 송파동 ○○ 1동 101호	2010-01-01	30	100%	84		1,750,000,000	1,750,000,000	60%		1,700,000,000	1,700,000,000
		2010-01-01	104	100%	아파트			3,570,000				3,450,000
2	서울특별시 송파구 송파동 ○○ 1동 102호	2010-01-01	30	100%	84		1,750,000,000	1,750,000,000	60%		1,700,000,000	1,700,000,000
		2010-01-01	104	100%	아파트			3,570,000				3,450,000
3	서울특별시 송파구 송파동 ○○ 1동 103호	2010-01-01	30	100%	84		1,750,000,000	1,750,000,000	60%		1,700,000,000	1,700,000,000
		2010-01-01	104	100%	아파트			3,570,000				3,450,000

종합부동산세 경정청구 사례

개인 甲은 2025년 6월 1일(과세기준일) 현재 별도합산과세대상인 6개월 내 멸실된 건축물의 부속토지 1필지를 소유하였으나, 종합합산과세대상 토지로 재산세가 부과되어 지방세 이의신청을 진행하여 인용 결정을 받음에 따라 종합합산과세대상 토지로 부과된 종합부동산세도 경정청구하려고 한다.

○ 소유 토지 내용
 – 면적 : 1,000㎡
 – 2025년 개별공시지가 : 8,511,000원/㎡
 – 2024년 개별공시지가 : 8,171,000원/㎡

● 개인 甲이 납부한 종합부동산세(종합합산)

- 공시가격 : 1,000 × 8,511,000 = 8,511,000,000원
- 과세표준 : (8,511,000,000 – 500,000,000) × 100%
        = 8,011,000,000원
- 종합부동산세액 : 8,011,000,000 × 3% – 60,000,000
        = 180,330,000원
- 공제할 재산세액 : ① × ② / ③ = 28,038,500원

① 재산세액 : 8,511,000,000 × 70% × 0.5% - 250,000

= 29,538,500원

② 과세표준 표준세율 재산세액 :

(8,511,000,000 - 500,000,000) × 100% × 70% × 0.5%

= 28,038,500원

③ 총 표준세율 재산세액 :

8,511,000,000 × 70% × 0.5% - 250,000 = 29,538,500원

- 종합부동산세 납부세액 : 180,330,000 - 28,038,500

= 152,291,500원

- 농어촌특별세 납부세액 : 152,291,500 × 20% = 30,458,300원
- 총 납부세액 : 152,291,500 + 30,458,300 = 182,749,800원

● 개인 甲이 납부할 종합부동산세(별도합산) · 환급세액

- 공시가격 : 1,000 × 8,511,000 = 8,511,000,000원
- 과세표준 : (8,511,000,000 - 8,000,000,000) × 100%

= 511,000,000원

- 종합부동산세액 : 511,000,000 × 0.5% = 2,555,000원
- 공제할 재산세액 : ① × ② / ③ = 1,430,800원

① 재산세액 : 8,511,000,000 × 70% × 0.4% - 1,200,000

= 22,630,800원

② 과세표준 표준세율 재산세액 :

(8,511,000,000 - 8,000,000,000) × 100% × 70% × 0.4%

= 1,430,800원

③ 총 표준세율 재산세액 :

    8,511,000,000 × 70% × 0.4% - 1,200,000 = 22,630,800원

- 종합부동산세 납부세액 : 2,555,000 - 1,430,800

                = 1,124,200원

- 농어촌특별세 납부세액 : 1,124,200 × 20% = 224,840원

- 총 납부세액 : 1,124,200 + 224,840 = 1,349,040원

- 종합부동산세 환급받을 세액 : 152,291,500 - 1,124,200

                = 151,167, 300원

- 농어촌특별세 환급받을 세액 : 30,458,300 - 224,840

                = 30,233,460원

◉ 양도박사 프로그램을 통한 계산

  먼저 부과된 종합부동산세 자료 등록을 위해 납세자 등록 메뉴에서 기본적인 납세자 정보를 입력한 후 재산 등록 〉「종합합산토지」에서 소유한 토지 정보를 입력하고 저장한다. (Q02. 종합합산토지 사례 참고) 납세자 등록 〉 납세자 목록에서 해당 납세자를 선택하고 상단의 '수정신고·경정청구' 버튼을 클릭하여 납세자 자료 복사 및 당초 신고 자료 선택 등의 기초 작업을 진행한다.

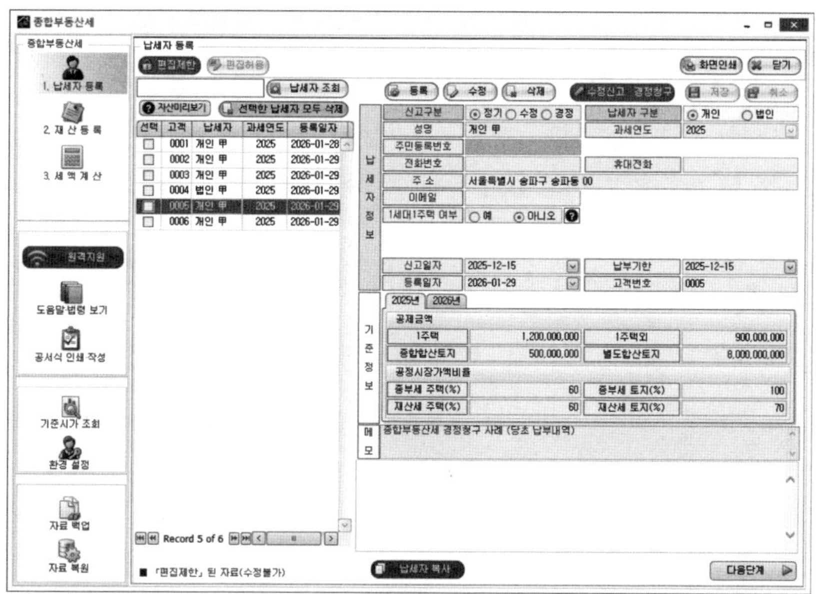

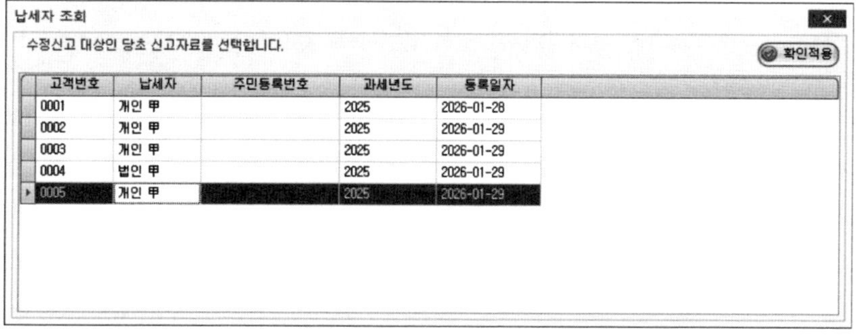

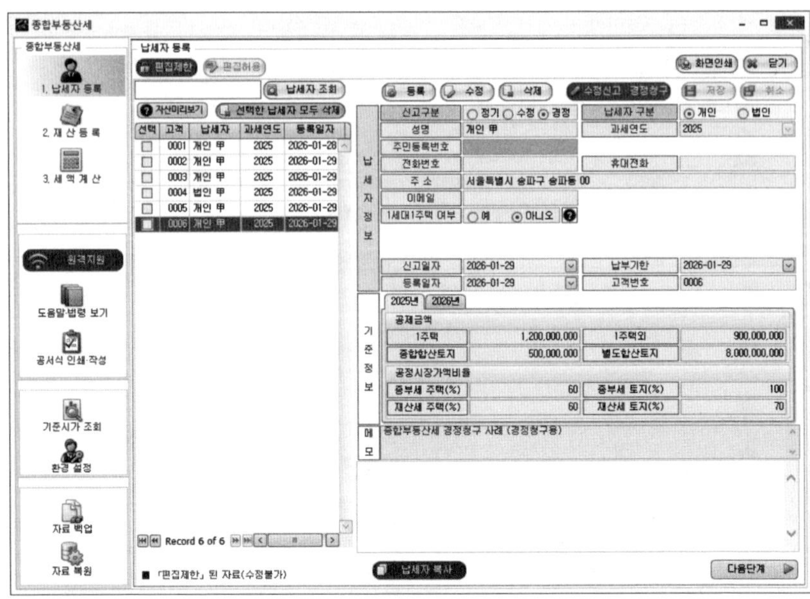

종합부동산세
종합부동산세
1. 납세자 등록
2. 재산 등록
3. 세액계산
원격지원
도움말·법령 보기
공서식 인쇄·작성
기준시가 조회
환급 설정
자료 백업
자료 복원
납세자 등록
편집제한
편집허용
화면인쇄
닫기
납세자 조회
등록
수정
삭제
수정신고 경정청구
저장
취소
자산미리보기
선택한 납세자 모두 삭제
신고구분
정기
수정
경정
납세자 구분
개인
법인
성명
개인 甲
과세연도
2025
주민등록번호
전화번호
휴대전화
주 소
서울특별시 송파구 송파동 00
이메일
1세대1주택 여부
예
아니오
납세자정보
신고일자
2026-01-29
납부기한
2026-01-29
등록일자
2026-01-29
고객번호
0006
선택 고객 납세자 과세연도 등록일자
0001 개인 甲 2025 2026-01-28
0002 개인 甲 2025 2026-01-29
0003 개인 甲 2025 2026-01-29
0004 법인 甲 2025 2026-01-29
0005 개인 甲 2025 2026-01-29
0006 개인 甲 2025 2026-01-29
2025년 2026년
공제금액
1주택 1,200,000,000 1주택외 900,000,000
종합합산토지 500,000,000 별도합산토지 8,000,000,000
공정시장가액비율
종부세 주택(%) 60 종부세 토지(%) 100
재산세 주택(%) 60 재산세 토지(%) 70
기준정보
메모
종합부동산세 경정청구 사례 (경정청구용)
Record 6 of 6
■「편집제한」된 자료(수정불가)
납세자 복사
다음단계

재산 등록 메뉴에서 등록된 재산 수정을 통해 '토지 유형'을 "종합합산"에서 "별도합산"으로 변경하고 저장한다.

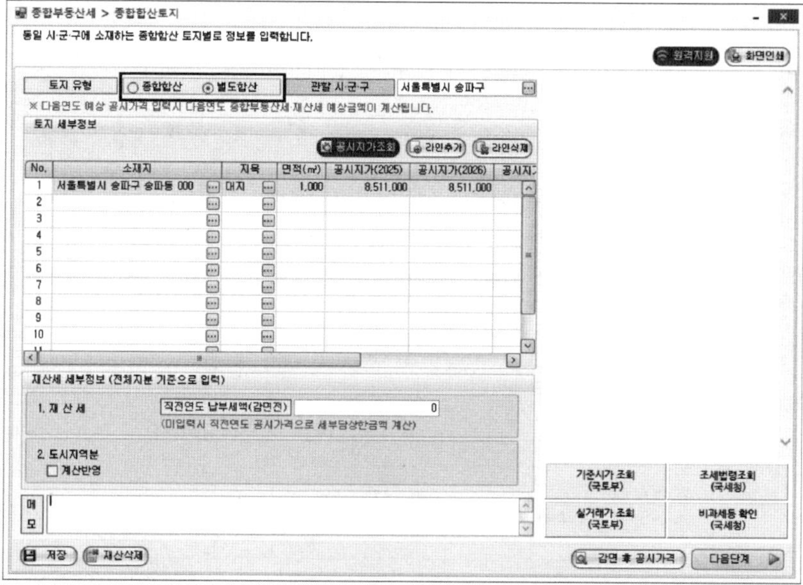

　　세액 계산 메뉴에서 하단의 '수정신고서 및 경정청구서 작성' 버튼을 클릭하여 수정 전 신고서(당초 납부내역)를 확인하고, 경정청구 사유 및 환급받을 계좌 정보를 입력한 후 경정청구서 서식을 출력한다.

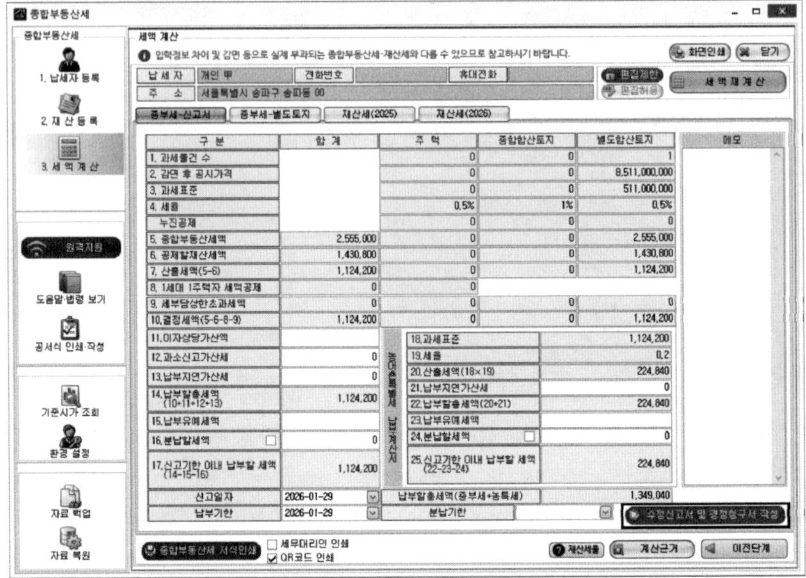

종합부동산세 수정신고서 및 추가 자진납부계산서 작성

법정신고일	2025-12-15	최초신고일	2025-12-15	경정청구사유	○ 수정신고 ● 경정청구
경정청구일	2026-01-29			종합합산이 아닌 별도합산과세대상	

수정 전 신고서

구 분	합 계	주 택	종합합산토지	별도합산토지
1. 과세물건 수		0	1	0
2. 감면 후 공시가격		0	8,511,000,000	0
3. 과세표준		0	8,011,000,000	0
4. 세율			0.03	
누진공제		0	60,000,000	0
5. 종합부동산세액	180,330,000	0	180,330,000	0
6. 공제할재산세액	28,038,500	0	28,038,500	0
7. 산출세액(5-6)	152,291,500	0	152,291,500	0
8. 1세대 1주택자 세액공제	0	0		
9. 세부담상한초과세액	0	0	0	0
10. 결정세액(5-6-8-9)	152,291,500	0	152,291,500	0

구 분	합 계		농어촌특별세 납부계산서	
11. 이자상당가산액			18. 과세표준	152,291,500
12. 과소신고가산세			19. 세율	0.2
13. 납부지연가산세			20. 산출세액(18×19)	30,458,300
14. 납부할총세액 (10+11+12+13)	152,291,500		21. 납부지연가산세	
			22. 납부할총세액(20+21)	30,458,300
15. 납부유예세액			23. 납부유예세액	
16. 분납할세액	0		24. 분납할세액	0
17. 신고기한 이내 납부할 세액 (14-15-16)	152,291,500		25. 신고기한 이내 납부할 세액 (22-23-24)	30,458,300

사업자등록번호	상호	거래은행	지점	계좌번호

수정전자료 불러오기   종합부동산세 신고서(수정)   경정청구서

과세표준 및 세액의 결정(경정)청구서

[「국세기본법」제45조의2 또는 「소득세법」제118조의15에 따른 결정(경정) 청구]

	처리기간
	2개월

청구인	① 성 명	개인 甲	② 주민등록번호		③ 사업자등록번호	
	④ 주소(거소) 또는 영업소	서울특별시 송파구 송파동 00		⑤ 전화번호		
	⑥ 상 호					

신 고 내 용

구 분	최 초 신 고	결 정 (경 정) 청 구
⑦ 법 정 신 고 일	2025-12-15	⑧ 최 초 신 고 일 2025-12-15
⑨ 결정(경정) 청구이유	종합합산이 아닌 별도합산과세대상 토지에 해당	
⑩ 세 목	종합부동산세	종합부동산세
⑪ 과 세 표 준 금 액	8,011,000,000	511,000,000
⑫ 산 출 세 액	152,291,500	1,124,200
⑬ 가 산 세 액	0	0
⑭ 공제 및 감면세액	0	0
⑮ 납 부 할 세 액	152,291,500	1,124,200
⑯ 국세환급금 계좌신고	거래은행 은행 지점 계좌번호	
⑰ 환 급 받 을 세 액		151,167,300

「국세기본법」 제45조의2, 같은 법 시행령 제25조의3, 「소득세법」 제118조의15 및 같은 법 시행령 제178조의11에 따라 위와 같이 청구합니다.

2026 년 01 월 29 일

청구인   개인 甲   (서명 또는 인)

송파 세무서장 귀하

첨부서류	결정(경정)청구 사유 증명자료	수 수 료 없 음

청구인의 위임을 받아 대리인이 경정청구를 하는 경우 아래 사항을 적어 주시기 바랍니다.

위임장	위임자 (청구인)				(서명 또는 인)
	대리인	사업장	상호	사업자등록번호	사업장 소재지	전자우편
			(서명 또는 인)			
		수행자	구분	성명	생년월일	(휴대)전화번호

....

접수증 [과세표준 및 세액의 결정(경정)청구서]

성 명	개인 甲	주 소	서울특별시 송파구 송파동 00	
첨부서류	결정(경정)청구사유 증명자료		[ ]	접 수 자
				접 수 일 인

(2025년도)종합부동산세 신고서

[　] 정기신고,　[　] 수정신고,　[✓] 경정청구

관리번호	-

납세 의무자	성명(명칭)　개인 甲	주민등록번호(본점 사업자등록번호)
	주소(사무소)　서울특별시 송파구 송파동 00	법인등록번호(부동산등기용등록번호)
	전화번호	전자우편주소

세무 대리인	성명(상호)		사업자등록번호
	관리번호	생년월일	전화번호

구　분	합　계	주　택	종합합산토지	별도합산토지
① 과 세 물 건 수		0	0 0	0 1
② 감 면 후 공 시 가 격		0	8,511,000,000 0	0 8,511,000,000
③ 과 세 표 준		0	8,011,000,000 0	0 511,000,000
④ 세　율			3%	0.5%
⑤ 종 합 부 동 산 세 액	180,330,000 2,555,000	0	180,330,000 0	0 2,555,000
⑥ 공 제 할 재 산 세 액	28,038,500 1,430,800	0	28,038,500 0	0 1,430,800
⑦ 산 출 세 액(⑤-⑥)	152,291,500 1,124,200	0	152,291,500 0	0 1,124,200
⑧ 1세대 1주택자 세액공제액	0 0	0 0		
⑨ 세 부 담 상 한 초 과 세 액	0 0	0 0	0 0	0 0
⑩ 결정세액(⑤-⑥-⑧-⑨)	152,291,500 1,124,200	0 0	152,291,500 0	0 1,124,200

구분	금액	농어촌특별세 납부계산서	
⑪ 이 자 상 당 가 산 액	0 0		
⑫ 과 소 신 고 가 산 세	0 0	⑱ 과 세 표 준 (⑩ + ⑪)	152,291,500 1,124,200
⑬ 납 부 지 연 가 산 세 (⑪ + ⑪ + ⑫ + ⑬)	0 0	⑲ 세　율	20%
⑭ 납 부 할 총 세 액	152,291,500 1,124,200	⑳ 산 출 세 액 (⑱ × ⑲)	30,458,300 224,840
⑮ 납 부 유 예 세 액	0 0	㉑ 납 부 지 연 가 산 세	0 0
⑯ 분 납 할 세 액	0 0	㉒ 납 부 할 총 세 액 (⑳ + ㉑)	30,458,300 224,840
⑰ 신고기한 이내 납부할 세액 (⑭ - ⑮ - ⑯)	152,291,500 1,124,200	㉓ 납 부 유 예 세 액	0 0
		㉔ 분 납 할 세 액	0 0
		㉕ 신고기한 이내 납부할 세액 (㉒ - ㉓ - ㉔)	30,458,300 224,840

「종합부동산세법」 제16조(정기신고), 「국세기본법」 제45조(수정신고), 같은 법 제45조의3(기한 후 신고) 및 「농어촌특별세법」 제7조제1항(신고·납부등)에 따라 신고하며, **위 내용을 충분히 검토하였고 신고인이 알고 있는 사실 그대로 정확하게 적었음을 확인합니다.**

2026년 01 월 29 일

신 고 인:　　　　　개인 甲 (서명 또는 인)

세무대리인은 조세전문자격자로서 위 신고서를 성실하고 공정하게 작성하였음을 확인합니다.

세 무 대 리 인:　　　　　(서명 또는 인)

송파 세무서장 귀하

제출 서류	1. 종합부동산세 과세표준 계산명세서 1부 2. 과세대상 물건명세서 1부 3. 세부담 상한 초과세액 계산명세서(세부담 상한을 신청하는 경우로 한정합니다) 1부 4. 합산배제 (변동)신고서, 1세대 1주택자 판단 시 주택 수 산정 제외 (변경)신청서, 세율 적용 시 주택 수 산정 제외 (변경)신청서, 법인 주택분 종합부동산세 일반 누진세율 적용 신고서, 1세대 1주택자 보유기간 계산 특례 (변경)신청서, 종합부동산세 공동명의 1주택자 특례 (변경)신청서, 주택분 종합부동산세액 납부유예 신청서(각각 해당하는 경우에만 제출합니다) 각 1부

■ 종합부동산세법 시행규칙 [별지 제31호서식 부표] <개정 2025. 3. 21.>

(2025년도)종합부동산세 과세표준 계산명세서

1. 납세의무자

성 명 (법인명 또는 단체명)	개인 甲	주민등록번호 (법인 등 사업자등록번호)	
주 소 (본 점 소 재 지)	서울특별시 송파구 송파동 00		

2. 과세표준 계산

구 분	주 택	종합합산토지	별도합산토지
① 과 세 물 건 수	0	1	0
	0	0	1
② 감 면 후 공 시 가 격	0	8,511,000,000	0
	0	0	8,511,000,000
③ 공 제 금 액	0	500,000,000	0
	0	0	8,000,000,000
④ 공 정 시 장 가 액 비 율	60%	100%	100%
	60%	100%	100%
⑤ 종 합 부 동 산 세 과 세 표 준 (② - ③) × ④	0	8,011,000,000	0
	0	0	511,000,000
⑥ 해 당 연 도 재 산 세 액	0	29,538,500	0
	0	0	22,630,800
⑦ 과 세 표 준 표 준 세 율 재 산 세 액	0	28,038,500	0
	0	0	1,430,800
⑧ 총 표 준 세 율 재 산 세 액	0	29,538,500	0
	0	0	22,630,800
⑨ 공 제 할 재 산 세 액 (⑥ × ⑦ / ⑧)	0	28,038,500	0
	0	0	1,430,800

세무사 **장보원**

- 장보원세무회계사무소 대표
- 서울시립대학교 세무전문대학원 세무학박사
- 한국세무사고시회 회장
- 한국지방세협회 부회장
- 한국지방세학회 부회장
- 법원행정처 전문위원
- 한국지방세연구원 쟁송자문위원
- 행정안전부 지방세발전위원

세무사 **강상원**

- 세무법인 이안컨설팅 강남지점 대표
- 서울시립대학교 세무전문대학원 세무학석사
- 한국세무사고시회 조직부회장
- 서울지방세무사회 감리심사위원
- 국토교통부 전문인력
- 서울시청 정비사업 코디
- 경기도청 국선대리인
- 서울시 마을세무사

CPA **박창연**

- 연세대학교 경영학과 졸업
- 한국공인회계사
- 소프트웨어 "양도박사", "취득박사" 개발
- (현) (주)네오아이시 이사
- (전) 안진회계법인 감사본부 및 재무자문본부
- (전) (주)LG생활건강 재무회계팀